D1702464

Mariazeller Land und Mostviertel

Stephen Sokoloff

Karten-
legende
auf den
Umschlag-
klappen

Wanderführer

Impressum

© 2012 KOMPASS-Karten, A-6020 Innsbruck (12.01)

1. Auflage 2012   Verlagsnummer 5640   ISBN 978-3-85026-628-4

Text und Fotos (soweit nicht anders angegeben): Stephen Sokoloff
Titelbild: Mariazell gegen den Großen Zellerhut

Grafische Herstellung: Diplom-Geographin Raphaela Moczynski, Wildermieming
Wanderkartenausschnitte: © KOMPASS Karten GmbH

Alle Angaben und Routenbeschreibungen wurden nach bestem Wissen gemäß unserer derzeitigen Informationslage gemacht. Die Wanderungen wurden sehr sorgfältig ausgewählt und beschrieben, Schwierigkeiten werden im Text kurz angegeben. Es können jedoch Änderungen an Wegen und im aktuellen Naturzustand eintreten. Wanderer und alle Kartenbenützer müssen darauf achten, dass aufgrund ständiger Veränderungen die Wegzustände bezüglich Begehbarkeit sich nicht mit den Angaben in der Karte decken müssen. Bei der großen Fülle des bearbeiteten Materials sind daher vereinzelte Fehler und Unstimmigkeiten nicht vermeidbar. Die Verwendung dieses Führers erfolgt ausschließlich auf eigenes Risiko und auf eigene Gefahr, somit eigenverantwortlich. Eine Haftung für etwaige Unfälle oder Schäden jeder Art wird daher nicht übernommen. Für Berichtigungen und Verbesserungsvorschläge ist die Redaktion stets dankbar. Korrekturhinweise bitte an folgende Anschrift:

KOMPASS-Karten GmbH, Karl-Kapferer-Straße 5, A-6020 Innsbruck
Tel.: 0043/(0)512/2655610, Fax: 0043/(0)512/2655618
kompass@kompass.at, www.kompass.at

Stephen Sokoloff

Der Autor hat in Detroit, Michigan, USA das Licht der Welt erblickt. Im deutschen Tübingen promovierte er in Genetik. Seit über 25 Jahren unterrichtet er an der Johannes-Kepler-Universität Linz, seit 10 Jahren auch an der Fachhochschule in Linz. Er hat sowohl über 800 Beiträge in Zeitungen und Zeitschriften verfasst als auch 14 Bücher geschrieben, darunter den zweibändigen Salzkammergut-Führer „Goldene Wege" und Satirebände (u. a. „Sanft und messerscharf", Freya Verlag, Linz, 2011). Naturkundliche Führer bilden den Schwerpunkt seines Schaffens.

Danksagung:
An meine Frau Bozena, meine treue Begleiterin auf allen Wanderungen. An meinen Lektor Walter Lanz, der unerbittlich auf sprachliche Qualität achtet.

Vorwort des Autors

Welches „Wanderkapitel" sollen wir heute in Angriff nehmen? Jedes hält neue Erkenntnisse und Entdeckungen bereit. Unterwegs stoßen wir immer wieder auf Großartiges, Seltsames und Überraschendes. Was wir selbst erleben, prägt sich unauslöschlich in unserem Gedächtnis ein und wird zum Teil unseres Wesens. Egal, ob es sich dabei um fantastische Landschaften (Grünkarst, Hochmoor), lebendige Geschichte (Holztrift im Mendlingtal) oder bemerkenswerte Menschen dreht, die mit Liebe und Leidenschaft ihre kleinen Visionen in die Tat umsetzen. Das Allerunwichtigste dabei: das Tempo. „Slow Foot" heißt nämlich hier das Motto. Wer die Zeitangaben einhält, hat möglicherweise Wesentliches versäumt.

Dies ist also kein Buch für Hochleistungssportler, einmal abgesehen von den Wanderungen zu den Gipfeln von Ötscher und Hochschwab. Auf den folgenden Seiten finden Sie vielmehr genussvolle Touren, auf denen Sie majestätischen Landschaften, bizarren Felsformationen, romantischen Tälern und zauberhaften Städten begegnen. Den Dürrenstein zu erobern kostet zwar einiges an Schweiß, der Gipfel ist aber für jeden gesunden Naturliebhaber problemlos machbar.

Eine Warnung: Bewegung gefährdet Ihren Wohlstandsbauch! Das ist allerdings nur der Fall, wenn Sie die kulinarischen Tipps in den Wanderbeschreibungen außer Acht lassen. Dabei handelt es sich um Spezialitäten wie Mostschaumsuppe, Speckstrudel, Ochsenwangen oder Klachelsuppe, die Sie hier – und oft nur hier – probieren können. Aber vielleicht gelingt es Ihnen besser als dem Autor, zumindest einigen der Versuchungen zu widerstehen!

Mariazell gegen den Großen Zellerhut

Inhalt

Länge (in Kilometern)	Höhenmeter Aufstieg	Höhenmeter Abstieg	Parkplatz	öffentliche Verkehrsmittel	Aufstiegshilfe	Abstiegshilfe	Einkehr	Übernachtung unterwegs	Gipfel	Schwindelfreiheit erforderlich	Kinderwagentauglich	Kinderfreundlich	Fahrradtauglich
7,8	150	125	○	●	–	–	●	–	–	–	–	●	–
4,5	244	244	●	●	●	●	●	●	●	–	–	●	–
7,8	170	170	●	○	–	–	●	–	●	–	–	●	●
8,1	160	160	●	○	–	–	●	–	●	–	–	●	–
8,75	110	110	●	○	–	–	●	–	●	–	–	●	–
6,75	200	200	●	○	○	○	●	○	●	–	○	○	–
3,5	115	115	●	●	–	–	●	–	●	–	–	●	–
10,5	240	240	●	●	–	–	●	●	●	–	–	●	●
10	500	500	●	●	–	–	●	–	●	–	–	●	–
8,4	350	350	●	●	–	–	●	–	●	–	–	●	–
6,6	160	160	●	●	–	–	●	–	–	–	–	●	–
6,1	367	367	●	●	–	–	●	–	●	–	–	●	–
7	240	240	●	●	–	–	●	–	–	–	–	●	–
18,6	550	550	●	●	–	–	●	●	–	–	–	–	–
7,75	80	80	●	–	–	–	●	○	–	–	–	●	–
9	534	534	○	–	–	–	●	○	●	–	–	–	–
6,5	220	510	●	●	●	–	●	●	●	–	–	●	–
14	460	460	●	●	–	–	●	–	–	–	–	●	–
6	100	100	●	●	–	–	●	–	●	–	–	●	–
13	400	400	●	●	–	–	●	–	●	–	–	●	–
5,8	105	105	●	●	–	–	●	–	●	–	–	○	–
7,6	305	305	●	●	–	–	●	–	–	–	–	●	–
8,1	380	380	●	●	–	–	●	–	–	●	–	–	–
15,5	207	207	●	●	–	–	●	●	–	●	–	–	–
11,5	40	40	●	●	–	–	●	●	–	–	○	●	●
6,5	158	558	●	●	●	–	●	●	●	–	–	●	–
6,5	400	400	●	●	●	–	●	●	●	–	–	●	–
6,75	200	200	●	●	●	–	●	–	–	–	–	●	–
7,5	345	345	●	–	–	–	●	–	–	–	–	●	–
6	350	350	●	–	–	–	●	–	–	–	–	●	–

● Schwierigkeitsgrad   ● Ja   ○ Bedingt   – Nein

Das Gebiet

Eine bunte Palette an sehenswerten Landschaften finden Sie im vorliegenden Band. Das Mostviertel umfasst das niederösterreichische Gebiet zwischen Donau, Oberösterreich und Wienerwald, die hier vorgestellten Wanderungen liegen im Teil westlich von Melk. Einige Touren führen außerdem in die südlich anschließenden Teile der Steiermark, in das Mariazellerland und zur Hochschwab-Gruppe.

Das Alpenvorland

Prächtige Gotteshäuser prägen die flache bis hügelige Landschaft südlich der Donau. Das mächtige Stift Melk, das 57 m über der Donau thront, ist der Inbegriff barocker Monumentalität und Prunkentfaltung. Im Westen bilden Seitenstetten, Sonntagberg und Ardagger künstlerische Höhepunkte, im Osten schmiegt sich das mittelalterliche Lilienfeld an den Rand des Hochgebirges.

⭐ KOMPASS HIGHLIGHT

Das Stift Melk

Die unvorstellbare Prachtentfaltung in diesem gigantischen, wuchtigen Sakralbau soll uns – so wollten es seine Erbauer – eine Vorahnung himmlischer Freuden vermitteln. Im Barockzeitalter, als der Neubau des Stiftes entstand, war ein bedeutender Teil der Bevölkerung evangelisch; es galt, den Menschen eine Vision der Seligkeit zu präsentieren, die nur die katholische Kirche gewähren konnte.

Die riesenhafte Gottesburg thront eindrucksvoll auf einem Hochplateau über dem Melker Ortszentrum. Sie entstand bereits im Jahre 1089 und beherbergt bedeutende

Das Mostviertel

In den 1960er-Jahren zählte man hier sechs Millionen Birnbäume. Das Obst machte die Bauern wohlhabend und führte zum Spruch: „Diese Häuser hat der Most gebaut". Im 20. Jh. begann allerdings der Siegeszug des Gerstensafts. Zur Jahrtausendwende rückten deshalb die Sägen heran, um die nutzlos gewordenen Bäume zu fällen. Bis dieser Unfug gestoppt werden konnte, hatte sich ihre Zahl

Schätze aus früheren Epochen. Um 1700 wurde eine barocke Erneuerung beschlossen, um die Bedeutung des Stiftes zu unterstreichen. Sie konnte 1736 fertig gestellt werden, doch schon 1738 vernichtete ein Brand alle Dächer und einige Repräsentationsräume. Der Schaden konnte erst 1746 beseitigt werden.

Eine Führung durch das historische Denkmal gehört zu den schönsten Pflichten eines jeden Reisenden im Mostviertel. Der Marmorsaal, die Bibliothek und die Kirche versetzen uns Irdische in Erstaunen. Man muss dieses Dreigestirn einfach mit eigenen Augen gesehen haben!
Tel. 02752/5550,
www.stiftmelk.at

Stift Melk – Basilika und Bibliothek

Blühende Obstbäume im westlichen Mostviertel

jedoch schon auf knapp unter eine Million reduziert. Heute gelten die verschiedenen sortenreinen Birnenmoste als Spitzenprodukte, zu ihnen zählen Grüne Pichlbirne, Speckbirne, Dorschbirne und Landlbirne, um nur einige zu nennen.

Das westliche Alpenvorland
preisen Kenner als das Herz des Mostviertels. Hauptsächlich dort

⭐ KOMPASS HIGHLIGHT

Das Stift Seitenstetten
ist das bedeutendste Kulturdenkmal des westlichen Mostviertels. Es wurde 1112 gegründet, einige romanische Bauelemente blieben bis heute erhalten. Im Zuge der barocken Erweiterung und Umgestaltung, die bis 1747 abgeschlossen waren, nahm das Stift die Form eines Vierkanthofes an.

Seitenstetten lag immer abseits der Routen, die die bedeutenden

Hauptstädte miteinander verbanden. Daher suchte der Hochadel selten das Stift auf, was z. B. das Fehlen eines Kaisertraktes erklärt. Dennoch sind die gotische Kirche und die Prunkräume – Bibliothek, Marmorsaal, romanische Ritterkapelle (Chorkapelle), festlicher Stiegenaufgang – großartig. Im Benediktinerkloster leben und arbeiten 36 Mönche. Stiftsführungen finden von April bis Oktober um 10 und 15 Uhr statt.
Tel. 07477/42300-233
www.stift-seitenstetten.at

Der festliche Stiegenaufgang in Stift Seitenstetten

wird das edle Getränk erzeugt und konsumiert. Anfang Mai, nach einer Wanderung durch eine Märchenlandschaft in einem Meer weißer Blüten, kann man in den Mostheurigen, Gasthäusern und Restaurants die großartigen regionalen Gaumenfreuden schätzen lernen: Mostschaumsuppe, Mostbraten oder Zider (leicht vergorener Birnensaft).

Die charakteristischen Bauernhäuser, die man hier entdeckt, sind häufig **Vierkanthöfe**. Die Geschichte einiger dieser imposanten, meist zweistöckigen Höfe (sie haben teilweise einen Umfang von 200 m) kann bis ins 12. und 13. Jh. zurückverfolgt werden. Die traditionelle Bauform ist besonders hier und im benachbarten Teil Oberösterreichs zu finden.

Die Region Eisenwurzen
erstreckt sich nördlich vom steirischen Erzberg bis zum westlichen Mostviertel und dem benachbarten Teil Oberösterreichs. Im Mittelalter war es kaum möglich, das Eisenerz in der Nähe seiner Lagerstätte zu verarbeiten, waren doch dafür mit Wasserkraft betriebene Hämmer und Unmengen an Holzkohle (sprich Wald) erforderlich. Deshalb transportierte man den wertvollen Rohstoff über den Pass am Hochkar und dann die Ybbs abwärts zu den Standorten der Schmieden und Hütten in der heutigen Region Eisenwurzen.

Um 1550 war die Region Europas bedeutendstes **Zentrum der Eisenerzeugung**. Waidhofen an der Ybbs avancierte zum wichtigen Handelsort und trat damit in Konkurrenz zu Steyr. Bis zur Herrschaft Josef II. durften sich nur Stadtbürger in diesem sehr einträglichen Geschäftszweig betätigen. Bereits 1372 hielten sich Waidhofner Kaufleute in Venedig auf, wo sie vermutlich Metallwa-

★ KOMPASS INFO

Waidhofen an der Ybbs
Die Stadt bietet ein geschlossenes historisches Ortsbild mit Häusern aus der Gotik und nachfolgenden Epochen. Im Mittelalter war die Stadt ein bedeutendes Zentrum der Eisenverarbeitung – um 1450 zählte man alleine in der Stadt 200 Eisenschmieden. Etwa ein Viertel der europäischen Eisenproduktion stammte aus der Region Eisenwurzen, die in Waidhofen beginnt und die südlich davon gelegene Berglandschaft um Hochkar und Ötscher umfasst.

Die reich gewordene Stadt erfuhr in der Reformation einen Niedergang. Viele der Bürger – überzeugte Protestanten – sahen sich zum Auswandern gezwungen. Eine Erholung brachte der Umstieg auf die Herstellung von Sensen und Sicheln im 17. Jh. Waidhofen wurde zum weltweit größten Hersteller dieser Werkzeuge (Jahresproduktion etwa 560.000 Stück). Um 1860 verschwand jedoch die Kleineisenproduktion, die der Konkurrenz der Großfabriken nicht mehr gewachsen war.

Mehr über die Stadtgeschichte erfährt man im 5^e Museum (Museum der fünf Elemente) im Rothschildschloss.
www.waidhofen.at
www.5e-waidhofen.at

Oben: Basilika Sonntagberg; unten: Waidhofen an der Ybbs

Imposanter Fernblick vom Gipfel des Hochkars, im Vordergrund der Grünkarst

ren gegen Seide, Samt, Südfrüchte und exotische Gewürze eintauschten.

In der Region Eisenwurzen wird die Industriegeschichte vergangener Jahrhunderte wieder lebendig. Auf den Wanderungen kommen wir zu den Hämmern und Schleifen in Ybbsitz und erleben im Mendlingtal eine Vorführung, wie Holz im Mittelalter getriftet wurde.

Waidhofen an der Ybbs vermittelt immer noch das Bild einer historischen Stadt, die der Eisenhandel reich gemacht hat. Bei den Wanderungen rund um die Stadt bewegen wir uns durch majestätische Landschaften mit atemberaubenden Gebirgspanoramen. **Das Hochgebirge zwischen Ötscher, Dürrenstein und Hochkar**

Um die majestätischen, beinahe 2000 m hohen Berggipfel dieser Gegend erstreckt sich eine wildromantische Naturlandschaft: Schluchten mit zerklüfteten Bergen, herabstürzende Wasserfälle, Grünkarst, ausgedehnte Höhlensysteme und Hochmoore. Bedeutende Kulturgüter sind hier jedoch kaum zu finden.

Mit einer Ausnahme: Inmitten dieser grandiosen Berglandschaft liegt im beschaulichen Tal bei Gaming eine große gotische Klosteranlage – das **Kloster Gaming**. Es besaß umfangreiche Ländereien, auf denen Vieh gehalten wurde. Als der Bedarf an Holz für die eisenverarbeitende Industrie wuchs, siedelten sich hier Holzknechte samt Familien an; 1747 waren es bereits 60. Die meisten waren protestan-

Die Kartause Gaming

1330 gründete der Habsburger Herzog Albrecht II. das hiesige Kloster, das sich daraufhin zum größten Zentrum der Kartausermönche in Mitteleuropa entwickelte. Die Brüder dieses strengen Ordens waren zum dauerhaften Schweigen verpflichtet. Sie wollten sich als „leeres Gefäß" dem Schöpfer präsentieren, der sie mit göttlichem Leben füllen sollte. Fleischverzehr galt als ein schweres Vergehen, das mit Exkommunikation bestraft wurde. 1782 löste Kaiser Josef II. die Kartause auf.

Die gesamte Klosteranlage umfasste ursprünglich 35 Bauwerke; davon sind jedoch nur 12 erhalten geblieben. Außen hat die Anlage ihre ursprüngliche gotische Struktur beibehalten, innen wurde sie jedoch barockisiert.

Nach Voranmeldung können die Kartause und das angeschlossene **Museum zur Geschichte der Kartäuser und des 13. Jahrhunderts** ganzjährig besucht werden. Reguläre Führungen (auch ohne Anmeldung) finden von Mai bis Oktober täglich um 11 und 15 Uhr statt.
Tel. 07485/98682
www.kartause.at

tisch und konnten ihren Glauben erst nach dem Toleranzpatent von 1781 offen ausüben. 1782 hob Josef II. alle Klöster auf, u. a. auch das Kloster Gaming. Die klösterlichen Ländereien wurden verkauft und kamen 1875 in den Besitz der Rothschilds. Die Familie richtete ihren Wohnsitz im Ort Holzboden ein und setzte damit einen wirtschaftlichen Aufschwung in Gang. Sie ließ viele Häuser im Stil Schweizer Chalets bauen, die heute noch auf der Route nach Mariazell zu bewundern sind.

Drei Kulturerlebnisse in dieser Gegend lege ich Ihnen wärmstens ans Herz: Die Besichtigung der Kartause Gaming (mit Führung), eine Vorführung des historischen Holztriftens im Mendlingtal und der Besuch des Familienmuseums in Ablaß. Dort können sie auch eine regionale Spezialität, die Klachelsuppe, probieren („Klachel" ist eine regionale Bezeichnung für Schweinshaxe).

Tierische Begegnungen

Auf einigen der hochalpinen Wanderungen lernen Sie Kühe von einer überraschenden Seite kennen. Die Tiere werden oft als träge verunglimpft, hier aber entfalten sie ungeahnte Fähigkeiten und Wissbegierde. Und sie sind ausgezeichnete Bergsteiger. Wenn Sie selbst atemlos in 1700 m Höhe kurz unterhalb des Dürrensteins ankommen, stoßen Sie zwischen den Felsformationen auf die friedlich weidenden Albbewohner. Und wenn Sie nach einer langen Ötschergräben-Wanderung in ein Hüttentaxi steigen, läuft vielleicht eine der neugierigen Kreaturen aus weiter Entfernung auf Sie zu und bleibt kurz vor Ihrem Fahrzeug stehen. Neugierig will sie jetzt wissen, was da los ist.

Im Mariazeller Land

Das Phänomen Mariazell ist erstaunlich: Menschen, die normalerweise ihre Freizeit vor dem Computer oder im Gasthaus verbringen, nehmen plötzlich 35 km lan-

ge Tagesetappen auf sich, um den heiligen Ort von Wien, Linz oder Graz aus zu erwandern. Sie sind oft nicht gläubig im traditionellen Sinn, vielmehr wirkt die stetige Bewegung während der Wanderung auf sie derart beruhigend, dass sie den (gewünschten) inneren Frieden finden.

Vor 200 Jahren präsentierte sich die Gegend um Mariazell deutlich weniger reizvoll als heute. Damals war der Wald fast gänzlich gerodet worden, denn der Bedarf an Holzkohle für die Eisenverarbeitung war gewaltig.

Kulinarische Genüsse

Es mag deplatziert erscheinen, in einem derart frommen Ort wie Mariazell nach kulinarischen Genüssen zu suchen, aber die Lebkuchenspezialitäten der Firma Pirker und der Speckstrudel der Edelweißalm auf der Bürgeralpe sind einfach unwiderstehlich gut! Außerdem habe ich im nahe gelegenen St. Sebastian Österreichs selt-

ⓘ KOMPASS INFO

Café Pirker

Die Konditorei mit Restaurant in Mariazell hat sich ganz dem Lebkuchen verschrieben. Hier bekommt man alles aus Lebkuchen – vom klassischen Gebäck über Eis bis hin zum Likör.
Möglich ist auch ein Besichtigungsprogramm mit Führung durch Lebzelterei, Wachszieherei, Schaubrennerei und Lebkuchen-Ausstellung (Termine nach Vereinbarung).
www.lebkuchen-pirker.at

Links: der Mirafall in den Ötschergräben

ⓘ KOMPASS INFO

Speckstrudel auf der Edelweißhütte

Das altsteirische Gericht kann auf der Edelweißhütte auf der Mariazeller Bürgeralpe probiert werden. Wer es zu Hause zubereiten will: Die Füllung besteht aus gebratenem Speck mit Zwiebeln. Dazu schneidet man rohe Kartoffelstückchen so groß wie Holzspäne und lässt die Masse eine Stunde lang rösten, bevor sie in den Strudelteig kommt.

samsten Gourmettempel entdeckt. Zum „Lurgbauer" (www.lurgbauer.at) führt eine lange, enge, kurvenreiche Straße. „Es riecht nach Kuh!" bemerkte meine Frau, als wir das Haubenlokal betreten, „wie kann man hier das Essen genießen?" Zumindest das Wasser war gratis, stellenweise tropfte Regen durch das Terrassendach. Genauso wie draußen auf der Wiese, spielte auch innen auf der Speisekarte das Rind die Hauptrolle. Die Tiere verdienen eine Goldmedaille, denn ihre Fleischqualität ist hervorragend!

Tourismusinformationen

Die Bundesländer und Regionen

Niederösterreich
www.noe.gv.at

Steiermark
www.steiermark.com

**Tourismusregionalverband
Hochsteiermark (Mariazeller Land)**
www.hochsteiermark.at

Alpenregion Hochschwab
www.regionhochschwab.at

Mostviertel
www.mostviertel.info
www.mostviertel.at

Städte und Gemeinden von A–Z

Ardagger
Tel. 07479/7312
www.ardagger.gv.at

Gaming
Tel. 07485/97308-12
www.gaming.gv.at

Göstling an der Ybbs
Tel. 07484/5020
www.goestling.at

Gresten-Land
Tel. 07487/2240
www.gresten-land.gv.at

Lilienfeld
Tel. 02762/52212-0
www.lilienfeld.at

Lunz am See
Tel. 07486/8081-0
www.lunz.at

**Tourismusverband Mariazeller
Land und Stadtamt Mariazell**
Tel. 03882/2366
www.mariazell.at

Melk (Tourismusbüro)
Tel. 02752/52307401
www.melk.gv.at

Opponitz
Tel. 07444/7280
www.opponitz.gv.at

Seitenstetten
Tel. 07477/42224-0
www.seitenstetten.gv.at

Sonntagberg
Tel. 07448/2290
www.sonntagberg.gv.at

Waidhofen an der Ybbs
Tel. 07442/511
www.waidhofen.at

Ybbsitz
Tel. 07443/86601
www.ybbsitz.at

Zeillern
Tel. 07472/28188
www.zeillern.at

Natur- und Kulturparks

Wildnisgebiet Dürrenstein
www.wildnisgebiet.at

Naturpark Ötscher-Tormäuer
Tel. 07482/48240
www.naturpark-oetscher.at

Kulturpark Eisenstraße
Tel. 07443/86600
www.eisenstrasse.info

Tipps und Hinweise

Schwierigkeitsbewertung

Es ist immer schwierig, Wanderungen nach Schwierigkeitsgraden einzuteilen, da Kondition und Fitness bei jedem unterschiedlich sind: Was der eine noch als gemütlichen Spaziergang empfindet, ist für den anderen bereits eine recht „ordentliche" Wanderung.

Der Autor hat dennoch versucht, jede Route zu bewerten. Bei allen Wanderungen gilt es zu beachten, dass sich die Bedingungen sehr schnell ändern können. Nach regenreichen Perioden können Wege ausgewaschen oder gar unterspült sein, dann sollte man die Wanderung auf eine trockenere Periode verschieben. Und bei labiler Wetterlage sollten vor allem die Touren im Hochgebirge überhaupt nicht gegangen werden, auch wenn sie als nicht zu schwierig eingestuft sind. Ob eine Wanderung für die eigenen Kinder geeignet ist, liegt letztlich in der Entscheidung der Eltern. Das Icon „Für Kinder geeignet" kann da nur als Hinweis verstanden werden.

 KOMPASS INFO

Tonbanddienste in Österreich:
Alpenwetterbericht
0900-91-1566 80

Regionales Alpenwetter
0900-91-1566 81

Quellen im Internet:
Zentralanstalt für Meteorologie und Geodynamik
www.zamg.ac.at
www.wetter.at

 KOMPASS INFO

Alpinauskunft

Österreichischer Alpenverein
Tel. 0043/512/587828
www.alpenverein.at
www.alpine-auskunft.at

Bergrettung
Europäische Notrufnummer: **112**
Anrufer werden zur zuständigen Vermittlungszentrale verbunden.
Bergrettungsdienst Österreich: **140**

Zeitangaben
Bitte betrachten Sie die angegebenen Werte (reine Gehzeiten) lediglich als Richtzeiten! Jeder Wanderer hat seine persönliche Geschwindigkeit, die besonders in Anstiegen sehr unterschiedlich sein kann. Weitere Faktoren wie Hitze, das Gewicht des Rucksacks und die Tagesverfassung etc. wirken sich ebenfalls auf die Gehzeit aus. Jeder muss für sich herausfinden, ob er langsamer oder schneller ist als in den Zeiten angegeben.

Höhenprofile
geben einen Anhaltspunkt über die Länge der Tour (km) und deren Höhenunterschiede (m). Ebenfalls eingetragen sind Gehzeiten (Richtwerte), die absolute Höhe jeder Tour sowie Einkehrmöglichkeiten unterwegs.

Orientierung
Die Orientierung ist in der Regel kaum ein Problem, wenn ja, dann wird darauf explizit hingewiesen. Markierungen können allerdings im Laufe der Zeit stark variieren.

Unsere schönsten Touren

Legende

🚏   Kilometerangabe

🔽   Höhenmeter (Auf- und Abstieg)

🕐   Gehzeit

😊   Für Kinder geeignet

🏠   Einkehrmöglichkeit

🚠   Bergbahn/Gondel

🚡   Sessellift

ℹ️   Wichtige Information

⭐   KOMPASS Highlight

Kartenlegende auf den Umschlagklappen

Wie im Rauschzustand erleben wir die überirdische Dürrenstein-Landschaft: zu großartig, um echt zu sein! Aus dem hochalpinen Grün schauen fantastische Naturskulpturen hervor, Gämsen nähern sich bis auf wenige Schritte. Wem der Dürrenstein zu anstrengend ist, kann den Grünkarst dank Seilbahn vom Hochkar aus bestaunen. Traumhafte Szenerien aus Felsspitzen und Wasserfällen entdecken wir in den Ötschergräben. Majestätische Gebirgspanoramen begleiten uns u. a. auf dem Zdarsky-Panoramaweg, dem Panoramahöhenweg Sonntagberg oder dem Waidhofener Panoramaweg.

Anfang Mai, wenn es noch ungemütlich im Hochgebirge ist, kleidet sich das donaunahe Hügelland des westlichen Mostviertels in Weiß. Dann heißt es schleunigst auf den Kollmitzberg hinaufzuwandern, die prächtige Obstbaumblüte dauert nämlich nur wenige Tage. Zweimal im Monat triftet man Holz im Mendlingtal. Lebendiger kann man Geschichte nirgendwo erleben, und der Rahmen – eine wildromantische Schlucht – ist einfach perfekt!

Schwierigkeitsbewertung

Blau
Diese Touren sind ohne besondere Erfahrungen leicht zu bewältigen und – mit Ausnahme von Gewittern und Starkregenphasen – relativ gefahrlos zu begehen. Sie erfordern keine besondere Ausrüstung, können aber abseits von Forststraßen und Sträßchen steinig sein und erfordern entsprechendes Schuhwerk. Sehr steile oder ausgesetzte Passagen fehlen. Diese Touren sind auch für Familien geeignet.

Rot
Mittelschwere Touren zeichnen sich im Gegensatz zu den leichten durch eines oder mehrere der folgenden Kriterien aus: Sie sind in der Regel länger, es gibt steile und auch längere Anstiege, kurze ausgesetztere Passagen können vorkommen. Da die Touren recht unterschiedlich sind, wird jeder individuell den Charakter anders empfinden. Wenn sie es gewohnt sind, lassen sich etliche Wanderungen dieser Kategorie auch gut mit Kindern bewältigen.

Österreichischer Alpenverein
Bietet Informationen über Hütten und Wege und das Wetter.
www.alpenverein.at

1. Von Melk zur Schallaburg
Wanderung vom Barock in die Renaissance

Ausgangspunkt: Bahnhof Melk; A1, Ausfahrt Melk | **Charakter:** Ohne Schwierigkeiten mit leichten Auf- und Abstiegen auf Wald- und Feldwegen | **Einkehr:** Melk, Anzendorf (Gasthaus Jäger, Mo Ruhetag, www.gasthof-martin-jaeger.at) und Schloss-restaurant (www.schallaburg.at) | **Karte:** Kompass Nr. 203

 Leicht 7,8 km  150 hm / 125 hm 2:30 Std.

 KOMPASS HIGHLIGHT

Schallaburg
Die ursprünglich gotische Burg baute man 1576 im Renaissance-stil großzügig aus, um eine pro-testantische Schule zu beherbergen. Der große Arkadenhof mit seinen zwei Geschossen ist unbedingt sehenswert: Das obere Stockwerk hat doppelt so viele Bögen wie das untere. Ersteres schmücken große Terrakotta-Plastiken von mythischen und historischen Figuren, die humanistisch-protestantisches Gedankengut widerspiegeln. Historische Denkmäler der Renaissancezeit haben in Österreich Seltenheitswert – auch deshalb ist diese Anlage einmalig! Jährlich finden große Ausstellungen zu verschiedenen Themen statt.
3382 Schallaburg 1
Tel. 02754/63170
www.schallaburg.at

In Melk gibt es im Bahnhofsbereich nur begrenzt Parkplätze. Von der Stadtseite kommend schreiten wir über Gleise und lassen uns von der Feldstraße und der Dorfnerstraße durch das Villenviertel leiten. Von der Prinzstraße (bei der Kaserne) haben wir einen lohnenden Ausblick auf das Stift. Dann führt der Weg nach dem Sport- und Freizeitzentrum nach links, über die Autobahn und in die offene Kulturlandschaft hinaus. Der Weg steigt nun an, geht in der Folge auf und ab und bietet schöne Ausblicke auf die Donau und die umgebenden Hügel. Das **Fürstkreuz**, das wir nun passieren, ist als Dank für eine Heilung nach einem Arbeitsunfall errichtet worden.

Nach einem kurzen Stück auf einer Fahrstraße (2,8 km) wendet sich unsere Route nach links durch einen Wald und folgt im Anschluss daran der rot-weiß-roten Markierung nach Pöverding hinunter. Bei der **Kapelle** erscheint wieder das gelbe Schild, das uns nach rechts lenkt. Von **Pöverding** steigen wir durch den Wald empor, bis wir die

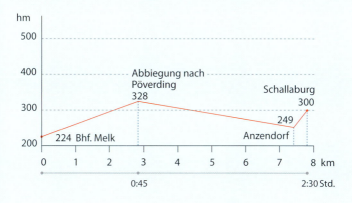

hm

500	
400	Abbiegung nach Pöverding
300	328 — Schallaburg 300
200	224 Bhf. Melk — 249 Anzendorf

0 1 2 3 4 5 6 7 8 km

0:45   2:30 Std.

Türme von Melk erspähen. Dann geht es wieder hinunter und schließlich nach links durch einen Rotbuchenwald. Im offenen Gelände angelangt, bewundern wir zum ersten Mal die Schallaburg mit dem Ort **Anzendorf** zu seinen Füßen. Durch Felder folgen wir den Schildern zur Ortschaft (7,4 km). Uns erwartet der letzte, allerdings steile Aufstieg zur **Schallaburg** auf der Fahrstraße.

Wenn Ausstellungen laufen, fährt ein Shuttlebus zurück nach Melk (täglich 10.55, 13.30 und 17.00 Uhr).

Die Schallaburg wurde nach dem Vorbild eines italienischen Palastes gebaut

2. Zdarsky-Panoramaweg

Auf den Spuren des Erfinders des alpinen Skilaufs

Ausgangspunkt: Bergstation des Muckenkogel-Sessellifts in Lilienfeld; A1, Abfahrt St. Pölten-Süd, B20 | **Charakter:** In einigen Abschnitten kann man zwischen einfachen Wegen und schwierigen Pfaden wählen | **Einkehr:** Traisner Hütte (Mai–Okt. Mo, sonst Mo und Di Ruhetag, www.naturfreunde-haeuser.net) und Klosteralm (Mo Ruhetag, www.klosteralm.at, 15 Min von der Bergstation des Sessellifts entfernt) | **Karte:** Kompass Nr. 213

 Leicht　　 4,5 km　　 244 hm 244 hm　　 2:30 Std.　　

Mit dem Sessellift (tägl. außer Mo, www.lilienfeld.at) schwebt man wie in einem offenen Stuhl den Berg hoch und überwindet dabei 700 m. Das fühlt sich fast wie eine Ballonfahrt an!

Früher befand sich bei der **Bergstation** (1134 m) ein Gasthaus, das inzwischen verschwunden ist. Dafür gibt es immerhin einen kleinen Spielplatz. Wir gehen einige Schritte zum Ausblickspunkt und folgen dann den Zdarsky-Panoramaweg-Schildern. Auf einem breiten asphaltierten Weg steigen wir hinauf und genießen die Aussicht, dann lenkt uns ein Wegweiser auf einen steilen, steinigen Pfad durch einen Wald.

Über unzählige Wurzeln kletternd erreichen wir mühsam unser Ziel, den **Muckenkogel-Klosterpunkt** (0,5 km). Faszinierend sind die Ausblicke nach Westen bzw. nach St. Pölten im Norden. Den Gipfelsieg

KOMPASS INFO

Mathias Zdarsky
Der Weg ist nach Mathias Zdarsky (1856–1940) benannt, dem Mitbegründer der modernen Skilauf-Technik. Anstelle der damals üblichen Riemenbindung, die dem Fuß nur ungenügend Halt gab, konstruierte er eine seitenstabile Bindung mit stark gefederter Stahlsohle. Sie gilt als Vorläufer der modernen Skibindungen. Außerdem entwickelte er die erste alpine Fahrtechnik. Auf dem Muckenkogel organisierte er 1905 den ersten Torlauf der Skigeschichte.

hätten wir allerdings wesentlich leichter haben können: Wer auf der asphaltierten Straße bleibt, gelangt genauso dorthin.

Eine Forststraße leitet uns weiter durch ein schattiges Waldstück empor. Bald zweigt ein alternativer,

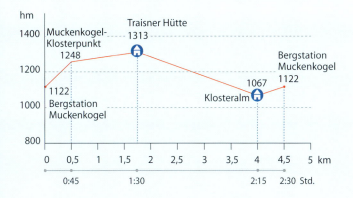

beschwerlicher Gratweg von ihr ab. Wir haben also die Qual der Wahl. Von der **Traisner Hütte** (1,75 km) aus entfaltet sich ein großartiges Bergpanorama. Nicht minder reizvoll sind die warmen Speisen und die Getränke, die zur Auswahl stehen.

Wir verlassen die Hütte, wenden uns nach rechts und steigen den Hügel hinab. Dann marschieren wir auf dem Weg 63 Richtung Schwarzwald-Klosteralm. Unser abschüssiger Pfad ist glücklicherweise ziemlich gut zu begehen. Er mündet in eine weitere Forststra-

Ein fantastischer Ausblick bietet sich vom Muckenkogel Richtung Ötscher

ße, die uns allmählich hinableitet. Etwa 1,4 km ab der Hütte zweigt unser Weg nach rechts ab. Nach einem kurzen, kleinen Abstieg verläuft er ziemlich flach. Wir können aber genauso gut auf der weniger romantischen Forststraße bleiben, sie führt ebenfalls zur Klosteralm (4 km).

Die **Klosteralm** wird vom Stift Lilienfeld betrieben und bietet eine größere Auswahl an Speisen als die Traisner Hütte. Von dort kann man ins Tal wandern, für den Weg ist eine gewisse Trittsicherheit erforderlich.

Unsere Route geht aber hinauf zur **Bergstation des Sessellifts** (4,5 km). Der kurze Weg dorthin ist etwas steil. Die Wanderung haben wir bravourös gemeistert; nun dürfen wir 30 Min. lang entspannt wieder talwärts schweben.

⭐ **KOMPASS HIGHLIGHT**

Das Stift Lilienfeld
Stift Lilienfeld ist Österreichs größtes mittelalterliches Kloster und die größte erhaltene zisterziensische Klosteranlage in Mitteleuropa. Gegründet wurde es 1202 von Leopold VI., Herzog von Österreich und der Steiermark.

Die Stiftskirche wirkt von außen romanisch, wobei etliche gotische Bauteile erhalten geblieben sind, u. a. das Dormitorium, der Kapitelsaal und das Brunnenhaus. Dagegen entstand der Hauptsaal der Stiftsbibliothek (im 13. Jh. begründet) mit ihrer barocken Freskendecke um 1700.
Die empfehlenswerten Führungen werden zweimal täglich (So 1-mal) abgehalten.
Tel. 02762/52420
www.stift-lilienfeld.at

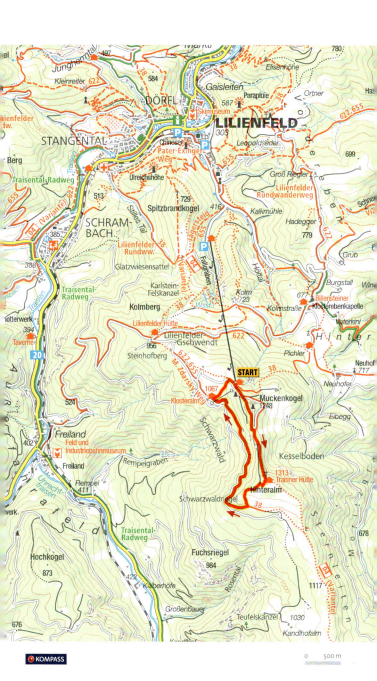

3. Seitenstettener Mostobst-Rundwanderweg

Vom „Vierkanter Gottes" zum Mostheurigen

Ausgangspunkt: Stift Seitenstetten; A1, Ausfahrt Haag
Charakter: Meist wenig befahrene Straßen | **Beste Wanderzeit:** zur Zeit der Obstbaumblüte (Anfang Mai), der Obsternte (ab Ende August) und im Herbst (Ende Oktober) | **Einkehr:** in Seitenstetten (Mostviertler Wirt, Mo und Di Ruhetag, www.mostviertlerwirt-ott.at) und Wildheuriger Kronawetter (Sa ab 16 Uhr und So ab 11 Uhr, Ferien im Juli, www.wildheuriger.at, Tel. 07477/44488) auf dem Blümelsberg | **Karte:** Kompass Nr. 70

 Leicht   7,8 km   170 hm 170 hm   3 Std.

Die **Lehrtafeln** des Mostobst-Wanderweges bieten eine Fülle an wertvollen Informationen über den Ursprung und die Kultur der Mostbirne .

Ein Wegweiser leitet uns vom **Eingang des Stifts Seitenstetten** auf den Weg 373 zum Franzosenwald. Wir können vor dem Start einen Blick in den historischen Hofgarten werfen, dürfen allerdings dort keine farbenprächtige Barockanlage erwarten.

Eine selten befahrene Asphaltstraße führt uns an Äckern vorbei zum **Franzosenwald** (1 km). Hier liegen französische Soldaten bestattet, die im Napoleonischen Krieg von 1800/1801 starben. Damals diente das Stift Seitenstetten als Lazarett.
Auf dem 550 m langen **Lehrpfad**

durch den Wald erläutern Tafeln die verschiedenen Baumarten und Lebensräume, die wir unterwegs durchqueren.

Ein Wegweiser lenkt unsere Schritte vor dem Franzosenwald von der vorher erwähnten Straße nach links auf einen Schotterweg. Er ist gesäumt von Birnbäumen, die mit Tafeln versehen sind und über die jeweilige Sorte informieren. Insgesamt gibt es 200 verschiedene Birnensorten in Österreich mit ganz unterschiedlichen Geschmackseigenschaften. Im September kann man davon kosten, da die Bäume dicht mit Obst behangen sind. Ein einziges Exemplar soll bis zu 1000 kg Früchte tragen können! Ab **Hofing** folgen wir der Feldstraße Nr. 373, die allmählich emporsteigt und durch einen

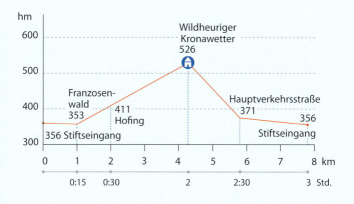

hm

- 600
- Wildheuriger Kronawetter 526
- 500
- Franzosen- wald 353
- 411 Hofing
- 400
- Hauptverkehrsstraße 371
- 356
- 356 Stiftseingang
- Stiftseingang
- 300

0 1 2 3 4 5 6 7 8 km

0:15 0:30 2 2:30 3 Std.

Waldabschnitt führt. Dem Hauptweg folgen wir bis zum Haus „Steingrub 7". Dort leitet uns ein Wegweiser um eine Rechtskurve, wobei sich der Aufstieg gnadenlos fortsetzt. Im-

Unterwegs bei Seitenstetten, im Vordergrund das Dach eines Vierkanthofs

merhin beträgt er insgesamt 170 hm, auch wenn die Straße ganz eben und die Route nicht steil ist.

Wenn wir das **Damwildgehege** vor uns sehen, können wir aufatmen: Es sind nur noch wenige Schritte zum **Wildheurigen Kronawetter** auf dem Blümelsberg (4,3 km). Der Betrieb bietet eine gute Auswahl an warmen und kalten Speisen.

Vom **Blümelsberg** aus genießen wir eine faszinierende Aussicht in beide Richtungen. Wir können uns kaum satt sehen am kulturlandschaftlichen Fleckerlteppich unter uns mit einigen leuchtend grüngelben Feldern. Auch Stift Seitenstetten rückt ins Gesichtsfeld. Leider ist es ziemlich weit entfernt und kommt daher nicht richtig zur Geltung.

Nun beginnt der langsame **Abstieg** auf Route Nr. 373. Wir erreichen bald eine Hauptverkehrsstraße (5,8 km), die uns rasch nach Seitenstetten zurückbringt. Glücklicherweise zweigt der Wanderweg nach 1,7 km nach links ab. Wir erspähen die Stiftstürme direkt vor uns und können so die Stadt umgehen. Bald haben wir unseren Ausgangspunkt wieder erreicht (7,8 km).

In Seitenstetten findet man diverse Gastronomiebetriebe. Vor allem der **Mostviertler Wirt** bietet verschiedene regionale Spezialitäten wie Mostschaumsuppe an.

Bibliothek Seitenstetten: Galerie und Bücherschränke sind aus Nussbaum, alle Bücherrücken weiß. Das Deckenfresko stammt vom Barockmaler Paul Troger.

4. Zeillener Schlemmertour

Vom Mostrestaurant zum Mostheurigen

Ausgangspunkt: Schloss-Hotel Zeillern; A1, Ausfahrt Amstetten West | **Charakter:** Einfache Wanderung auf ebenen Feldwegen und Pfaden mit leichtem Anstieg | **Beste Wanderzeit:** Zur Zeit der Baumblüte (Anfang Mai), der Obsternte (Ende August) und der Laubfärbung (Herbst) | **Einkehr:** Schloss-Hotel Zeillern (täglich, Tel. 07472/65501, www.schloss-zeillern.at), Zeillener Mostg'wölb (unregelmäßige Öffnungszeiten, 07772/67706 oder 0664/3552331, www.mostgwoelb.com) in Oberzeillern | **Karte:** Kompass Nr. 212

 Leicht   8,1 km   160 hm 160 hm   3 Std.

Zur Auswahl stehen zwei unterschiedlich lange Schleifen. Die **kleine Schleife** beginnt beim **Schloss-Hotel Zeillern**, wo wir die typische regionale Küche kennen lernen können. Die Mostschaumsuppe ist ganz hervorragend. Vom Restaurant wenden wir uns nach links und folgen dem Wegweiser mit dem grünen Punkt. Er führt uns durch den Ort, dann auf die Straße nach Öhling und schließlich in einen Feldweg. Während des leichten Aufstiegs passieren wir Streuobstbäume, bevor wir in einen Mischwald mit vielen Hainbuchen eintauchen. Bei der Autobahn (1,25 km) wenden wir uns um fast 180 Grad und folgen dem abschüssigen Weg durch einen Nadelmischwald zum Ausgangspunkt zurück (2 km).

Die große Schleife: Wir gehen wieder am Schloss und Restaurant vorbei zur Hauptstraße des Ortes, biegen links ab und bald danach nach rechts in die Pyrhasstraße (kein Wegweiser), schließlich in einen Feldweg nach Oberzeillern (beschildert). Am Ortsanfang schwenkt die Route nach rechts und führt gleichzeitig hinauf, wobei wir einen Panoramablick auf Zeillern und die umgebenden Hügeln gewinnen. Dann marschieren wir nach links durch ein Waldstück. Kurz nachdem wir es verlassen haben, teilen sich einige Wege. Wir wählen die abschüssige Straße, die nach links führt. Der Wegweiser, der geradeaus zeigt, ist schlichtweg falsch! Die Lehrtafeln auf diesem „Mostobstwanderweg" geben leider wenig Auskunft über die Mostherstellung. Immerhin sind Birnbäume in der Landschaft allgegenwärtig. Bessere Erfahrungen machen wir mit dem Produkt selbst.

Von **Oberzeillern** (4,5 km) leiten uns Wegweiser nach rechts, dann in eine Schleife. Nach 0,75 km überqueren wir eine Hauptverkehrsstraße

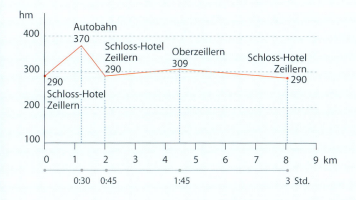

hm

400	
300	
200	
100	

Autobahn
370

Schloss-Hotel
Zeillern
290

Oberzeillern
309

Schloss-Hotel
Zeillern
290

290
Schloss-Hotel
Zeillern

0 1 2 3 4 5 6 7 8 9 km

0:30 0:45   1:45   3 Std.

und gelangen zu einem typischen Mostheurigen. Das **Zeillener Mostg'wölb** bietet warme und kalte Speisen sowie verschiedene Mostsorten an (Verkostung möglich). Eine kleinere Straße zweigt von der Hauptverkehrsader nach links ab und leitet uns immer weiter von Zeillern weg. Dann aber biegen wir nach links ein und folgen einer Linkskurve zurück zu unserem Ausgangspunkt. Der Weg steigt stetig empor und führt uns zuerst durch Felder, dann durch einen Wald. Von einem **Aussichtpunkt mit einer Bank** lassen wir die ganze Landschaft einschließlich Zeillern und Oberzeillern auf uns wirken. Anschließend lenken wir unsere Schritte auf diesem Panoramaweg zur Hauptverkehrsstraße. Diese bringt uns nach Zeillern (8,1 km) zurück.

Sommerliche Kulturlandschaft bei Zeillern

5. Mostrunde bei Stift Ardagger

Mostviertler Gaumenfreuden und bäuerliches Handwerk

Ausgangspunkt: Parkplatz Stift Ardagger; A1, Ausfahrt Amstetten-West | **Charakter:** Wenig befahrene Straßen und Feldwege | **Einkehr:** Landhaus Stift Ardagger (www.landhaus-stift-ardagger.at), 2 Mostheurige (wechselnde Öffnungszeiten) | **Karte:** Kompass Nr. 212

 Leicht 8,75 km 110 hm 110 hm 3 Std.

Neben der Besichtigung des altehrwürdigen Gotteshauses lohnt sich der Besuch des **MostBirnHaus.** Dort kann man im Rahmen einer preiswerten Verkostung die verschiedenen sortenreinen Birnenmoste kennenlernen (jederzeit möglich, www.mostbirnhaus.at).

Vom Parkplatz geht es erst bergab, dann sanft bergauf durch die Hügel. Bei **Pfaffenberg** biegen wir nicht nach Stephanshart ab. Erst an der nächsten Kreuzung (2 km) wenden wir uns beim blauen Haus nach links Richtung Schlüsselhub, 1,25 km weiter biegen wir bei der nächsten Straße nach rechts ab; die folgenden 500 m zum Bauernmuseum verlaufen auf einem relativ stark befahrenen Verkehrsweg. Wer schon vorher beim Mostkrugzeichen abbiegt, muss sich durch unwegsames Gelände ohne Markierungen zum Museum durchschlagen. Das **Mostviertler Bauernmuseum** in Giegerreith (www.distelberger.at) zeigt einen 400 Jahre alten Getreidespeicher, eine Schmiede und

17.000 Objekte. Am besten meldet man sich vorher an (Tel. 07479/73341). Der Heurige im Hofladen ist nur sporadisch geöffnet (Tel.07479/7334).Vom Bauernmuseum setzen wir den Weg auf der vorherigen Straße B119 fort. Nach Überquerung der Autobahn biegen wir sofort nach links in eine asphaltierten Weg ein, dann wieder nach links in den ersten (unbefestigten) Feldweg (kein Wegweiser). Direkt

 KOMPASS INFO

Romanische Glasmalerei

Stift Ardagger beherbergt ein 4 m hohes Fenster mit Szenen aus dem Leben der Heiligen Margarete. Das spätromanische Meisterwerk (um 1230) gilt als ältestes intaktes großflächiges Glasgemälde in Österreich! Die Figuren sind flach und symbolhaft, weil der Künstler eine höhere, himmlische Wirklichkeit darstellen wollte. Die romanische Krypta und der gotische Kreuzgang sind ebenfalls sehenswert.

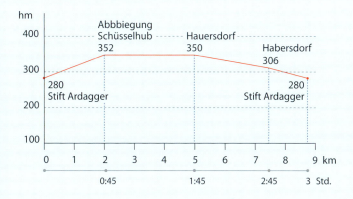

im Anschluss an eine Rechtskurve und noch vor einer Scheune marschieren wir links zwischen Äcker hindurch, dann steil bergab nach Hauersdorf (5 km).

Beim **„Hauer"** führt uns der Wirt in die Geheimnisse des Schnapsbrennens ein. Einer seiner köstlichen Edelbrände schmeckt nach Apfelstrudel. Der Heurige hat keine fixen Öffnungszeiten (Tel. 07472/65424). Weiters gelangen wir zu einer Hauptstraße, wenden uns nach rechts, dann nach 250 m (erste Querstraße) nach links. Vor dem ersten Bauernhaus folgen wir einem Feldweg wieder nach links, dann unter der Autobahn hindurch. Nach einer Querstraße gehen wir auf dem abschüssigen Güterweg Ennsfeld geradeaus weiter und genießen den Blick auf den Kolomitzberg. Dort wo der Weg endet, verläuft die Route Richtung Habersdorf nach links hinauf Richtung Ardagger (8,75 km).

400 Jahre alter Getreidespeicher im Mostviertler Bauernmuseum

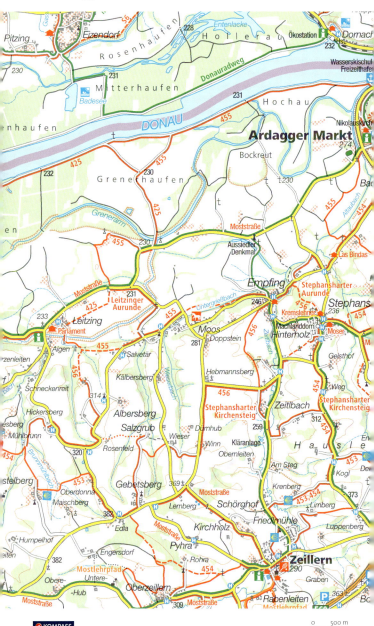

6. Kollmitzberger Rundweg
Auf Schusters Rappen im Reich der Mostbirne

Ausgangspunkt: Parkplatz an der Wallfahrtskirche Kollmitzberg; A1, Ausfahrt Amstetten-West | **Charakter:** Die Wanderung verläuft meistens auf selten befahrenen Straßen und Feldwegen **Einkehr:** Gasthaus bei der Kirche (Mo Ruhetag) | **Karte:** KOMPASS Nr. 202, Karte 2

 Leicht   6,75 km   200 hm 200 hm   2 Std.

Es lohnt sich, vor Beginn der Wanderung einen Blick in die **Wallfahrtskirche** zu werfen. Die gotische Kirche ist der Heiligen Ottilie geweiht, ihre Statue (15. Jh.) steht in der Kirche. Heute kommen die Besucher vor allem wegen des berühmten Ausblicks über die hügelige Kulturlandschaft. Am schönsten ist es Anfang Mai, wenn die Birnbäume blühen!

Wir folgen der Straße (Route 454) nach Holzhausen und müssen beim Abstieg mit mäßig starkem Verkehr rechnen. Bei einer Kapelle (1,25 km) wenden wir uns nach halblinks auf Route 454 und folgen dem **Güterweg Stiefelberg**. (Vorsicht: die Straße trägt ebenfalls die Bezeichnung „Nr. 454"). Die Route Nr. 454 wendet sich vor einem Bauernhaus nach rechts und verwandelt sich in einen Feldweg. In **Almerstein** bleiben wir weiterhin auf der asphaltierten Straße (Weg Nr. 454), die bald eine Linkskurve beschreibt und talwärts führt. Bei der nächsten Weggabe-

⭐ **KOMPASS HIGHLIGHT**

Kollmitzberg
Im Mittelalter war der Kollmitzberg ein berühmter Pilgerort, den jedes Jahr Tausende von Wallfahrer aufsuchten. Er ist der Heiligen Ottilie gewidmet. Die Augenpatronin wurde blind geboren; erst durch die christliche Taufe konnte sie wieder sehen. Das Wasser, das am Kollmitzberg entspringt, soll Augenleiden lindern. Der alljährlich stattfindende große Kirtag lockt rund 30000 Besucher an.

lung (nach 500 m) wenden wir uns nach links bergan. Nach 1 km erreichen wir ein **Marterl** und biegen rechts in den asphaltierten **Güterweg Hofberg** ein, der durch die hügelige Kulturlandschaft führend ansteigt. Beim ersten **Bauernhaus** (4,25 km) befinden wir uns wieder auf einer Höhe von 400 m. Bald folgt ein zweiter Hof, wo wir nach links in den Weg Nr. 453 – eine Teilstrecke des Öster-

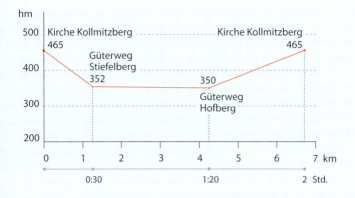

hm

500	Kirche Kollmitzberg 465			Kirche Kollmitzberg 465		
400	Güterweg Stiefelberg 352		350			
300			Güterweg Hofberg			
200						

0 1 2 3 4 5 6 7 km

0:30 1:20 2 Std.

reichischen Jakobswegs – abbiegen. Er führt uns 1,5 km lang ständig auf und ab bis zur Kreuzung, wo wir nach links den Weg Richtung Kollmitzberg einschlagen. Die folgenden 500 m auf der Straße können manchmal ein wenig verkehrsreich sein. Dann aber biegen wir nach rechts in den Ort ein und gelangen zum Ausgangspunkt bei der Wallfahrtskirche zurück.

Blick vom 463 m hohen Kollmitzberg ins Mostviertel

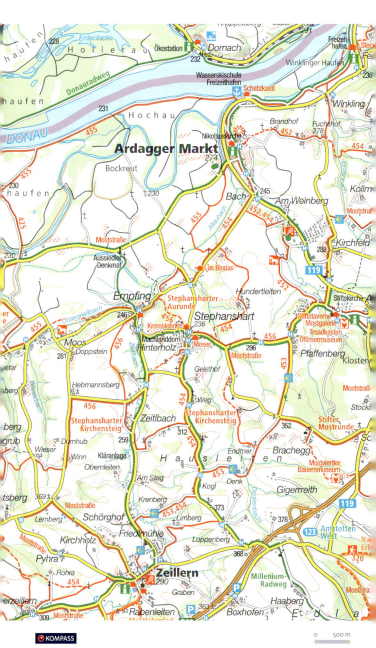

KOMPASS

0   500 m

7. Kulturwanderweg Sonntagberg

Das kleine Melk oberhalb der Moststraße

Ausgangspunkt: Basilika Sonntagberg; A1, Ausfahrt Amstetten-West, B123 und B121 | **Charakter:** Kurze Wanderung auf Pfaden und Straßen | **Einkehr:** Gasthaus Lagler bei der Basilika (Fr Ruhetag; www.gasthof-lagler.at) | **Karte:** KOMPASS Nr. 70

 Leicht   3,5 km    115 hm / 115 hm   1:30 Std.

Von der Basilika genießen wir ein großartiges Panorama: im Süden die Berge der Eisenwurzen, wo traditionell Metallerz das wichtigste Industrieprodukt war, im Norden die sanfte Hügellandschaft der Donauebene mit ihren unzähligen Birnbäumen.

Der gut markierte **Lehrpfad** führt entlang der rechten Seite des Gotteshauses und informiert über die Gewinnung von Sandstein.

Danach marschieren wir zunächst durch Wald, dann durch offene Landschaft nach **Hollenlehen** hinab. Die dortige Kapelle (1,5 km) beherbergt die Kopie einer gotischen Madonna. Das Originalwerk, das man in der Nähe des Standortes gefunden hat, befindet sich nun im Wiener Belvedere.

Auf einem Feldweg steigen wir steil zum **Herzogenberg** hinauf (2 km), wo sich eine Richtfunksta-

Blick vom Sonntagberg

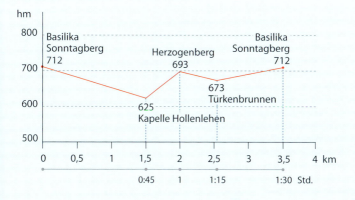

Basilika Sonntagberg 712

Herzogenberg 693

Basilika Sonntagberg 712

673 Türkenbrunnen

625
Kapelle Hollenlehen

hm									
0	0,5	1	1,5	2	2,5	3	3,5	4	km

0:45   1   1:15   1:30 Std.

tion befindet. Hier fällt der Blick auf die relativ flache Landschaft der Donauebene.

Von dort leitet uns der Weg durch einen Wald zum **Türkenbrunnen**. Er erinnert an einen Angriff der heidnischen Truppen auf die Vorgängerkirche im Jahr 1529. Der Legende nach versanken ihre Pferde im morastigen Boden und die Christen wurden gerettet – Gott hatte ihre Gebete erhört. Von dort gehen wir zurück zur Basilika.

Das Kirchenschiff der Basilika

⭐ KOMPASS HIGHLIGHT

Die Basilika Sonntagberg
Zu Zeiten der Monarchie war die der Heiligen Dreifaltigkeit geweihte Kirche einer der meistbesuchten Wallfahrtsstätten Österreich-Ungarns.

Jakob Prandauer, der Architekt von Stift Melk, entwarf das barocke Gotteshaus nach dem Muster seines Meisterwerks, wenn auch in viel kleinerem Maßstab. Er starb 1726 vor der Vollendung des Prachtbaus. 1964 erhob Papst Paul VI. die Gebetsstätte zur Basilika.
Tel. 07477/42300,
www.stift-seitenstetten.at

KOMPASS

0   500 m

8. Panoramahöhenweg Sonntagberg

Zwischen Mostregion und Eisenwurzen

Ausgangspunkt: Basilika Sonntagberg; A1, Ausfahrt Amstetten-West, B123 und B121 | **Charakter:** Ständiges Auf und Ab auf wenig befahrenen Straße | **Einkehr:** Gasthaus Lagler bei der Basilika (Fr Ruhetag; www.gasthof-lagler.at), Gasthaus Ettel in St. Leonhard (Mo, Do Ruhetag, www.gasthof-ettel.at) und ein Mostheuriger unterwegs | **Rückfahrt:** Taxi Steinbauer in Sonntagberg (Tel. 0664/4413980, www.steinbauer-reisen.at) | **Karten:** KOMPASS Nr. 70, 212

 Leicht   10,5 km  240 hm 240 hm   3:30 Std.

Das Panorama vom Höhenweg aus ist unübertroffen! Nach Norden breitet sich die eigentliche Mostregion aus. Sie ist flach bis hügelig und von hochstämmigen Birnbäumen geprägt. Hinter der Donauebene ist das Waldviertel erkennbar. Im Süden der Straße, wo Eisenerz bearbeitet wurde, erheben sich mächtige Berge, die häufig in Wolken gehüllt sind.

Von der Auffahrt zur Basilika kommend gehen wir an der Vorderseite der Basilika vorbei und erreichen den Beginn der **Panoramastraße**. Sie bringt uns durch einen Wald nach **Herzogenberg**, wo wir in einen Pfad abzweigen. Nach dem Sender (1,5 km) verläuft die Route geradeaus weiter, bis sie in die Straße mündet.

Bei Kilometer 2 unserer Wanderung biegen wir nach links auf den „Wanderweg nach St. Leonhard" ab. Wir steigen hinauf, erreichen **Sandlehen** (2,8 km, 640 m) und danach wieder die Straße.

Beim **Mostheurigen** (4,5 km, 708 m), der öfters (aber nicht immer) von Donnerstag bis Sonntag ab 14 Uhr geöffnet hat, sticht ein kapellenartiger Holzbau ins Auge, der den „**Luft-, Klang- und Duftgarten**" beherbergt. Mit Glocken und anderen Instrumenten lassen sich dort verschiedene Klangeffekte erzeugen, während ein kleiner Garten für angenehme Gerüche sorgt.

Als weitere Etappen unserer Route präsentieren sich die **Kapelle Kogel** (6,1 km) und der **Bauernhof am Flaschelstein** (8,5 km). Etliche Landwirte bieten hier ihre Produkte auf dem Hof an – vor allem Schnaps. Nach St. Leonhard geht es lange, aber nicht sehr steil, bergauf.

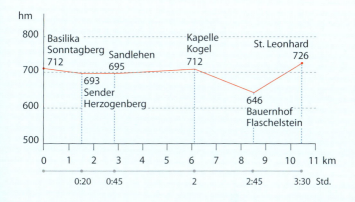

hm

800	Basilika Sonntagberg 712
	Kapelle Kogel 712
	St. Leonhard 726
	Sandlehen 695
700	
	693 Sender Herzogenberg
600	646 Bauernhof Flaschelstein
500	

0 1 2 3 4 5 6 7 8 9 10 11 km

0:20   0:45   2   2:45   3:30 Std.

Auf dieser Strecke genießt man beinahe durchgehend spektakuläre Ausblicke. Mit etwas mehr (aber immer noch erträglichem) Verkehrsaufkommen muss man an kirchlichen Feiertagen rechnen. Fein lässt es sich im **Gasthaus Ettel** in St. Leonhard speisen (Birnenzider, leckere Teigtaschen mit Spinat, Mostpudding).

Für die **Rückfahrt** steht das Taxiunternehmen Steinbauer zur Verfügung (vorher reservieren).

Panoramablick vom Sonntagberg

53

9. Waidhofen an der Ybbs

Altstadt, Tierpark und Buchenberg-Kapelle

Ausgangspunkt: Freisingerberg in der Altstadt; A1, Ausfahrt Amstetten-West über B123 und B121. Parkplätze im Zentrum (Mo–Fr max. 3 Std., Sa, So, Feiertage gratis) | **Charakter:** Altstadtspaziergang, dann relativ steil bergauf zum Tierpark, danach Anstieg zur Oberen Kapelle auf dem Buchenberg | **Einkehr:** In der Stadt und im Tierpark | **Karte:** KOMPASS Nr. 70

 Leicht   10 km   500 hm / 500 hm   4:30 Std.

Altstadtrundgang

Der Rundgang durch die Waidhofener Altstadt beginnt auf dem Platz **„Freisingerberg"**. Der markante Stadtturm dort wurde 1534–42 errichtet und erinnert an eine erfolgreich abgewehrte Türkenbelagerung 1532. Die Uhr zeigt immer 11.45 Uhr. Zu dieser Zeit war die Auseinandersetzung mit dem Feind bereits entschieden (der genaue Tag ist nicht überliefert).

Vom Platz aus wenden wir uns nach links Richtung Oberer Stadtplatz und gelangen zur **Stadtpfarrkirche**. Sie stammt aus dem 15. Jh. und hat außen wie innen ihr gotisches Aussehen bewahrt. Das benachbarte **Rothschildschloss** wurde ca. 1365/1400 errichtet und verfügt über einen neugotischen Innenhof mit Arkaden. Dort finden wir den Eingang zum 5ᵉ Museum. Ihm gegenüber führt ein **Steg über die Ybbs**, wo Ende des 19. Jhs. ganze Züge von zusammengebundenen Flößen Eisen transportierten. Am anderen Ufer passieren wir ein um 1600 erbautes **Schloss**, das heute als Hotel und Restaurant genutzt wird (Schlosshotel Eisenstraße), und steigen zur Straße „Am Grünen Hang" hinauf (lohnender Altstadtblick). Nach 350 m überquert sie die Heinrich-Wirre-Gasse und führt zur **Pfarrkirche Zell** hinab. Sie wurde 1786 erbaut und zeigt die für die josephinische Zeit charakteristische Nüchternheit.

Von der Kirche aus marschieren wir nach links durch die Straße „Kirchenplatz" und beschreiben nach 100 m einen Bogen nach rechts durch die enge, romantische Wasserstraße.

Von der **Zeller Hochbrücke** haben wir den besten Blick auf die „Stadt der Türme", steigen dann am anderen Ufer ab zur Straße „Unter den Leithen" und gehen an der Ybbs entlang in Richtung der Schlösser. Der folgende **Ybbs-Turm** war im Mittelalter Teil einer Verteidigungsanlage. Seine lateini-

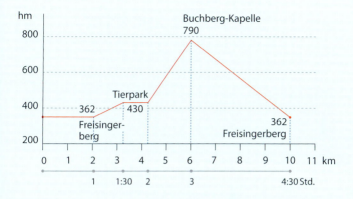

```
hm
800                          Buchberg-Kapelle
                                  790
600
          Tierpark
400   362  430                                         362
      Freisinger-                              Freisingerberg
200   berg

   0   1   2   3   4   5   6   7   8   9   10  11  km
           1   1:30  2      3              4:30 Std.
```

sche Inschrift proklamiert „Eisen und Stahl (sind) Nährmittel der Stadt". Nun wandern wir den **„Graben"** entlang, der erst ab 1806 zugeschüttet wurde. Er folgt dem Verlauf der einstigen Stadtmauer. Auf Höhe der **Klosterkirche** schwenken wir nach rechts und gelangen durch den Hartnerdurchgang auf den **Hohen Markt**.

Blick vom Tierpark auf die mittelalterliche Altstadt von Waidhofen

Diese Straße leitet uns nach links zur **Bürgerspitalkirche** aus dem 15. Jh. Sie gehörte zum 1274 gegründeten Spital.

Wanderung zur Oberen Kapelle Buchenberg

Um zur Kapelle zu gelangen, gehen wir nun einige Schritte zurück und schwenken bei der Gabelung in die Straße „Unterer Stadtplatz". Er bringt uns zum Freisingerberg zurück, wo wir den **Stadtturm** vor uns erblicken (2,1 km).

Wir kehren nun zur **Bürgerspitalkirche** zurück, passieren sie und überqueren den Kreisverkehr. Linkerhand führen die Ledererergasse und die Weyrer Straße zur Hammergasse, wo sich kostenlose Parkplätze für Besucher des Naturparks befinden. Von dort leiten uns tierische Fußabdrücke über die Bundesstraße in den Rösslgraben. Zum Tierpark geht es 70 m hinauf.

Vom **Eingang zum Tierpark** folgen wir dem Wanderweg „2", der uns entlang der Gehege führt und Ausblicke auf Waidhofen und den Sonntagberg bietet. In seinem weiteren Verlauf führt er durch einen Forst. Bei der Abbiegung zum Kapuzinerbrunnen halten wir uns rechts und wählen dann bei der **Holzknechthütte** die linke Abzweigung.

Hier benützen wir einen richtigen Parkweg, der nun gemächlich hinaufsteigt. Dann leitet uns der relativ steile **Bußweg** auf Treppen bergauf, meistens durch schattigen Wald. Unterwegs genießen wir beim **Ötscherblick** die grandiose Sicht auf die bergige Umgebung. Schließlich lenkt ein Wegweiser unsere Schritte zur **Kapelle** hinauf. Von dort können wir Waidhofen und den Sonntagberg bewundern.

Der **Abstieg von der Kapelle** erfolgt anfangs wie der Aufstieg, dann aber wählen wir den **Noskoweg** statt des Bußweges und biegen nach rechts in den Höhenrundweg ein.

Bei einer Gabelung folgen wir der Route „2" weiter Richtung Jubiläumsbrunnen. Viel später biegt dieser Weg scharf nach links ab (gelbes Schild), dem wir folgen. Zurück am Wildpark geht es bergab in die Altstadt zurück.

⭐ KOMPASS HIGHLIGHT

Naturerlebnispark Buchenberg
Der Wildpark ist Teil des Naturerlebnisparks Buchenberg, in dem überwiegend heimische Wildtiere leben.

Daneben werden aber auch weitere Arten wie z. B. Waschbären und Lamas gehalten. Ziegen begleiten uns auf dem Weg, aber Vorsicht, sie sind immer hungrig, ein besonderes Auge haben sie auf die Pläne des Tierparks geworfen. Einen Höhepunkt bilden die Eulengehege, die betreten werden dürfen. Der Rundgang ist rund 1 km lang.

Neben dem Wildpark gibt es einen Wald- und Erlebnislehrpfad, einen aktiven Heckenlehrpfad, einen Abenteuerspielplatz, ein Indianerdorf und einen Grillplatz.
www.tierpark.at

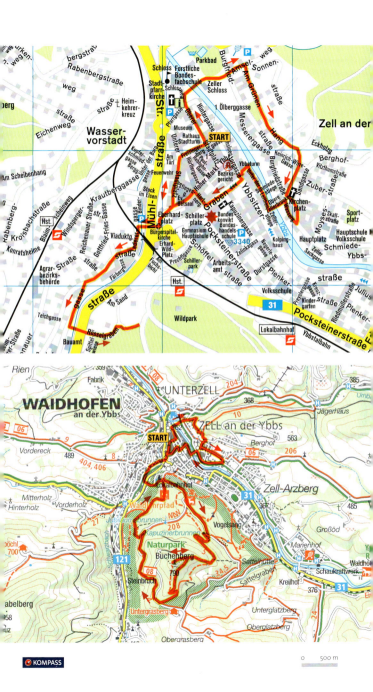

10. Waidhofener Panoramaweg

Von Waidhofen an der Ybbs nach Windhag

Ausgangspunkt: Untere Zellerbrücke in Waidhofen, Parkhaus
Schlosscenter; A1, Ausfahrt Amstetten-West über B123 und B121
Charakter: Sanfter Aufstieg auf selten befahrenen Straßen mit
Panoramablick, teilweise asphaltierte Wege | **Einkehr:** Wind-
hager Wirt in Windhag (Ruhetage Mo und Di, Mi–Fr erst ab
18 Uhr, Tel. 07442/52470) | **Karten:** KOMPASS Nr. 70 und 212

 Leicht 8,4 km  350 Hm 350 Hm 3:30 Std.

Die Wanderung beginnt in Waidhofen an der Unterzeller Brücke.
Günstige Parkplätze (3 €/Tag) befinden sich im nahe gelegenen
Parkhaus neben dem Schwimm-
bad. Wir folgen der Unterzeller
Straße 04 Richtung Sonntagberg
und genießen romantische Ausblicke auf das mit Weiden und anderen Bäumen dicht bewachsenen Ybbsufer.

Nach 900 m biegen wir beim
Regau-Schild nach rechts in die
MTB-Schobesberg-Strecke ein. In
zahlreichen Kehren führt uns die
Straße nach oben. Zunächst erfreuen wir uns am Ausblick auf
Waidhofen mit seinem historischen Stadtbild und auf die hügelige Umgebung. Bis ins letzte Jahrhundert war dieser Ort ein Zentrum der Eisenverarbeitung.

Weiter oben fällt der Blick auf den
Sonntagberg mit seiner barocken
Basilika von Prandtauer. Prächtig
ist das Panorama auf dem gesamten Weg bis **Windhag** (5,9 km).

Haben wir den richtigen Tag er-
wischt, können wir dort beim
Windhager Wirt einkehren.

Von Windhag gehen wir zunächst
700 m retour, um vor einem kleinen Waldstück beidseits der Straße dem gelben Wegweiser links
(6,6 km) nach Waidhofen zu folgen. Zunächst passieren wir das
Bauernhaus am Eingang des Weges, dann erreichen wir eine Lichtung, die uns einen Blick auf Windhag gewährt. Bald nachdem wir
in einen Wald eingetaucht sind,
lenken uns rot-weiß-rote Markierungen nach rechts.

Der Pfad führt uns über ein Feld
mit Elektrozaun. Danach folgen
wir einem asphaltierten Güterweg
in Kehren bergab, er führt an meh-
reren Bauernhäusern vorbei. Von
hier aus bietet sich eine traumhafte Sicht auf Waidhofen mit seinen umliegenden Bergen.

Anschließend lenkt uns ein Schild
„Waidhofen 04" nach rechts auf

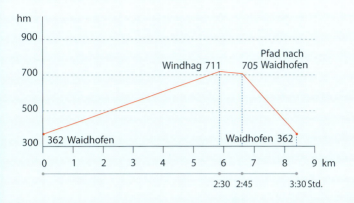

einen engen Weg zwischen Zäunen hindurch.

Wir passieren eine **Kuhweide**, marschieren in einen Wald hinein und lassen uns nach rechts auf einen steinigen, stark abschüssigen Pfad leiten. Er bringt uns zu einer asphaltierten Forststraße, die uns weiter bergab führt. Knapp oberhalb von Waidhofen setzen wir den Weg nach rechts auf einer breiteren Straße fort und legen die letzten 700 m zum Ausgangspunkt in **Waidhofen** zurück.

Der Panoramaweg macht seinem Namen alle Ehre

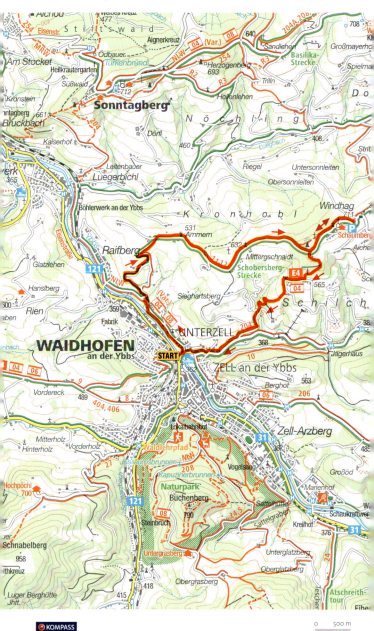

KOMPASS

0   500 m

11. Schmiedemeile in Ybbsitz

Kaskaden und historische Industriedenkmäler

Ausgangspunkt: Marktplatz Ybbsitz; A1, Ausfahrt Ybbs, dann über Waidhofen nach Ybbsitz | **Charakter:** Leichte Wanderung auf guten Pfaden und Wegen | **Einkehr:** Verschiedene Betriebe in Ybbsitz, u. a. Gasthof an der „Eisenstraße" (Mo und Mi Ruhetag, Tel. 07443/86570) | **Karte:** KOMPASS Nr. 212

 Leicht   6,6 km   160 hm 160 hm   3 Std.

Das **Museum „Ferrum – Welt des Eisens"** am Marktplatz bietet eine Fülle an Informationen über die Verarbeitung unseres wichtigsten Metalls. Vom **Marktplatz** folgen wir der Marktstraße um die Kirche herum zum Gemeindeamt. Dort steht eine Sanduhr-Skulptur aus Metall, die 2000 im Rahmen der Ferraculum-Ausstellung angefertigt wurde. Sie versinnbildlicht den Leitsatz des altgriechischen Philosophen Heraklit „Alles fließt" und verkörpert so die Dynamik des modernen Zeitalters.

Wir passieren wieder den **Marktplatz** und lassen uns vom Schmiedemeile-Wegweiser zum Gasthaus an der „Eisenstraße" lenken. Das Lokal befindet sich in einem hübschen Barockgebäude und hat sich auf Mostviertler Gerichte spezialisiert. Auf dem weiteren Weg berichten **Lehrtafeln im Dr.-Meyer-Park** über die Freizeit der Schmiede. Sie arbeiteten bis zu 16 Stunden am Tag und feierten zum Ausgleich dafür ausgelassen an Festtagen (wobei Schlägereien an der Tagesordnung standen).

Wir marschieren allmählich den **Nothbach** entlang und passieren etliche Schmiedebetriebe, einige mit hohen Kaminen, die teilweise heute noch aktiv sind. Im Fahrngruber Hammer stellte man ab dem 16. Jh. Hacken, Äxte und Beile her. Im dortigen Museum be-

 KOMPASS INFO

Eisenverarbeitung in Ybbsitz
Die Eisenverarbeitung erforderte Unmengen Holz, das bereits im 14. Jh. in der Umgebung des Erzbergs knapp wurde. Deswegen wurden die Schmieden dezentral angesiedelt – in waldreichen Gebieten, wo auch Wasserkraft für den Betrieb der Blasebälge, Hämmer und Schleifen genutzt werden konnte. Die Eisenverarbeitung in Ybbsitz wurde als immaterielles UNESCO-Welterbe anerkannt.
www.eisenstrasse.info

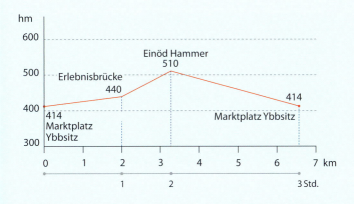

hm

600	
500	Einöd Hammer 510
	Erlebnisbrücke 440
400	414 · · · · · · · · · · 414

Einöd Hammer
510

Erlebnisbrücke
440

414
Marktplatz
Ybbsitz

Marktplatz Ybbsitz

414

0   1   2   3   4   5   6   7 km

1   2   3 Std.

wundern wir heute diverse wasserbetriebene Hämmer.

Daneben lohnt ein Besuch des **Köhlereimuseums**. Hinter dem Haus stoßen wir auf eine winzige Hütte. Früher mussten Köhler mehrere Wochen in solchen Behausungen verbringen, weil sie den Brennvorgang in den Kohlemeilern ständig kontrollieren mussten.

Auf einem schmalen, aber ebenen Pfad erreichen wir die Schleifen in der Noth. Enge, beschwerliche oder gefährliche Stellen wurden als „Noth" bezeichnet. Die Grundstü-

Der Fahrngruber Hammer existiert seit dem 16. Jh.

Das alte Schmiedehaus am Erlebnisweg Schmiedemeile

cke am Rande des Baches waren zu klein für Schmieden oder Hammerwerke. Deshalb siedelten sich hier 13 Schleifen mit wasserbetriebenen Schleifsteinen an. Werkzeuge mussten ja poliert werden, bevor sie verkauft werden konnten. Die Betriebe sind alle verschwunden, einen davon hat man aber rekonstruiert.

Nun besteigen wir die 1996 errichtete **Erlebnisbrücke,** die eigentlich eine begehbare, geschwungene Metallskulptur ist. Von dort aus bestaunen wir den tosenden Wasserfall, an dem sich mehrere **Kaskaden** vereinigen.

Nach diesem großartigen Naturschauspiel überqueren wir die Verkehrsstraße. Der Pfad führt uns in Kehren etwa 40 m hinauf und bietet einen schönen Überblick über die Landschaft: Felder, Bauernhäuser und ein Berg, an dem nack-

te Kalkfelsen aus dem Nadelwald hervorlugen. Dann gelangen wir wieder zur Straße und steigen nochmals 20 m empor.

Schließlich erreichen wir den **Einöd Hammer** (3,3 km). Er wurde revitalisiert und wird noch immer als Schmiede genutzt. Eisenhandwerk ist ja in unseren Tagen sehr begehrt. Auf der Asphaltstraße gelangen wir zum Ausgangspunkt zurück. Wir können aber auch die gleiche Strecke wie beim Hinweg nehmen; zumindest beim Wasserfall sollten wir dann aber den beschaulichen Pfad wählen. Vor dem Fahrngruber Hammer können wir den Umweg über den **Goldfischteich** nehmen. Dort hat man im Winter Eis gewonnen, das während des Sommers in speziellen Kellern aufbewahrt wurde. Die Schmiede haben bei ihrer schweißtreibenden Arbeit Unmengen an kühlem Bier konsumiert.

12. Opponitzer Schluchtenwanderweg

Bizarre Felsen und ein verwunschener Wald

Ausgangspunkt: Jausenstation Ober-Dippelreith bei Opponitz, an der B31 | **Charakter:** Steiniger und unebener Weg durch die Schlucht, teilweise große Stufen | **Einkehr:** Jausenstation Ober-Dippelreith (Ruhetag Di und Mi, http://schluchtenweg.at), Flaschengetränke in der Schlucht (Einwurf von 2,50 € auf Vertrauensbasis) | **Karte:** KOMPASS Nr. 212

 Mittel   6,1 km   367 hm 367 hm   3 Std.

Von der **Jausenstation** steigen wir auf einer Forststraße und anschließend auf einem Feldweg steil hinauf (0,75 km). Der Weg ermöglicht uns eine Aussicht auf die umliegende bergige Kulturlandschaft.

 KOMPASS INFO

Opponitzer Kalk
Die bizarren Felsformationen der Schlucht bestehen aus Rauwacke („Zellenkalk"), ihre zahlreichen Löcher entstanden durch Auswaschungen von Salz- und Gipsablagerungen im Kalkstein und Dolomit. Das Gestein wurde im Erdmittelalter (vor 220–63 Mio. Jahren) aus den Skeletten von Meerestieren gebildet; damals lag Opponitz nämlich am Rand des Urozeans. Es herrschten hohe Temperaturen, was zu einer starken Verdunstung und dem Ausfall von Salz und Gips führte. Für den Opponitzer Kalk ist das wechselhafte Aussehen typisch: von massig bis geschichtet, mit und ohne Mergel, mit unterschiedlichen Farben.

In der Schlucht fallen die seltsamen Gebilde des löchrigen Kalksteins (Rauwacke) ins Auge, sie sind mit Moos und Hirschzungen-Farnen bewachsen. Wir müssen vorsichtig sein, denn der Pfad ist sehr uneben und steinig, aber dafür vorbildlich beschildert. Nach der Hexenschlucht kommen wir zur **„Ochsenlucka"**, wo kühle Getränke lagern (2,50 € pro Flasche).

Nachdem wir ein Drittel des Weges absolviert haben, erreichen wir den **Leofer Stein**, von dem aus der steile Aufstieg zum **Opponitzblick** beginnt (1,4 km). Er gewährt uns einen guten Überblick über die Felder, die durch Baumreihen abgegrenzt sind, und die bewaldeten Höhen. Wer seinen sportlichen Ehrgeiz

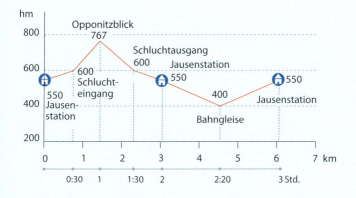

hm

800 — Opponitzblick
767

600 — Schluchtausgang
600
Jausenstation
600
Schlucht-
eingang
550
Jausen-
station
550

400 — Bahngleise
400

200 —

0   1   2   3   4   5   6   7 km

0:30   1   1:30   2   2:20   3 Std.

stillen möchte, kann sich kurz vor dem **Schluchtausgang** abseilen, während alle anderen auf der Normalroute bleiben. Der Abstieg zur Jausenstation erfolgt auf dem gleichen Weg wie der Aufstieg.

In der Saison ist die urige **Labstelle** (3,1 km) ab 10 Uhr geöffnet. Von dort leitet uns eine selten befahrene enge Straße in Kehren hinunter bis zu den Bahngleisen und der B31. Dabei erfreuen wir uns am großartigen Panorama auf die schöne Kulturlandschaft mit ihren bewaldeten Kuppen. An einigen Stellen schauen Dolomitkegel aus dem Wald hervor. Beim Aufstieg zurück zur Jausenstation (6,1 km) folgen uns die neugierigen Blicke der weidenden Kühe.

Das lebendige **Museum „Hammer am Bach"** in **Opponitz** kann nur mit Voranmeldung besucht werden (Tel. 07444/7280). Dort erfährt man anhand eines Filmes die 20 Arbeitsschritte, die zur Herstellung einer Sichel erforderlich waren.

Schlucht bei Opponitz

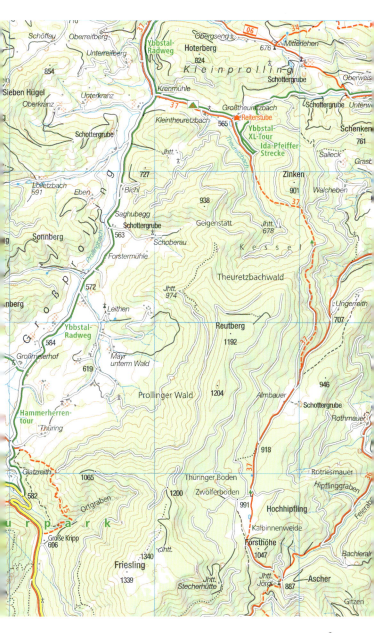

13. Holztrift im Mendlingtal

Wanderung zur letzten intakten
Holztriftanlage Mitteleuropas

Ausgangspunkt: Parkplatz in Lassing am Eingang des Mendling-
tales; A1, Ausfahrt Ybbs, B25 | **Charakter:** Leichte Wanderung auf
guten Pfaden durch eine wildromantische Schlucht, nicht für
Kinderwagen und Rollstühle geeignet | **Einkehr:** In Lassing,
Jausenstation „Altes Hammerherrenhaus" (Mo und Di Ruhetag,
Tel. 07484/25125, www.glaenzer.at) | **Karte:** KOMPASS Nr. 212

 Leicht 7 km 240 hm 240 hm 2:30 Std.

Vom Parkplatz leitet ein breiter, abschüssiger Schotterweg zur Kassa
(0,8 km). Unmittelbar nach dem
Eingang entdecken wir ein interes-
santes **Museum** im ehemaligen
Schmiedgesellenhaus. Daneben
stoßen wir auf eine funktionieren-
de, von Wasser angetriebene Vene-
zianersäge samt Hammerschmie-
de, wo Vorführungen abgehalten
werden. Dann folgt eine Rechen-
anlage, mit deren Hilfe Zweige und
mangelhafte Stämme vom guten
Holz getrennt wurden. Bei Vorführungen kann man hier Platz nehmen, aber es ist auch möglich, die
Stämme auf ihrem gesamten Weg
von der Klause den Bach entlang
bis hierher zu begleiten.

Die weitere Strecke führt durch einige romantische Engstellen, die
mit Hilfe von **Hängestegen** und
Holzbrücken bewältigt werden.
Die bizarre Felsenszenerie ist genauso faszinierend wie die historischen Bauten.

Nach 2,2 km erreichen wir die **Klause**. Später fällt uns eine wieder auf-
gebaute **Getreidemühle** ins Auge.
Sie wird mit dem Wasser einer
Karstquelle betrieben, die auch an
heißen Sommertagen fließt und
im Winter selten zufriert. Wir können den noch aktiven Betrieb beobachten und Mehl vom Müller
erwerben.

Am Ende des Weges (3,5 km) erreichen wir eine **Jausenstation** mit
Gastgarten (kein Ruhetag). Unter
anderem steht Grießsterz, das
Hauptnahrungsmittel der einstigen Holzarbeiter, auf dem Speise-
plan. Hier entdecken wir auch eine
nachgebaute **Lohhütte aus Baum-
rinde** – in solchen selbst errichte-
ten Behausungen lebten einst die
Holzarbeiter. Von 1600 bis fast
1900 war auf diesem Gelände eine Hammeranlage in Betrieb.

Wer den **Rückweg** nicht mehr zu
Fuß antreten will, kann den preis-

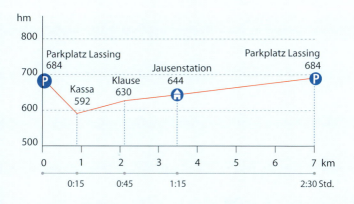

günstigen Taxidienst „Mendlingtal-Taxi" (Tel. 07484/7014) in An-
spruch nehmen (Mo und Di Ru-

hetag). Der Kellner in der Jausenstation übernimmt auf Wunsch
die Reservierung.

Durch das enge Tal zur Klause

⭐ **KOMPASS Highlight**

Holztrift im Mendlingtal

Zweimal im Monat können Besucher hier die historische Holzarbeit erleben. Dann steigen Männer mit 2 m langen Stangen, an denen Haken befestigt sind, ins eisige Wasser, um ineinander verkeilte Holzstämme zu befreien und bachabwärts zu lenken.

Herzstück der Einrichtung ist eine 10 m hohe Klause in einer Engstelle der Schlucht. Hier wird das Wasser zunächst aufgestaut. Nachdem die Holzarbeiter die Stämme unterhalb der Klause in das Gewässer geschleust haben, wird oben mit einem Hammerschlag die Klause geöffnet. Die talwärts stürzenden Wassermassen reißen die Holzstämme dann mit sich.

Die Methode des Triftens hatte Vor- und Nachteile: Einerseits ermöglichte sie, große Mengen an Holz preisgünstig zu transportieren, da Arbeitskräfte sehr billig waren. Andererseits litt die Qualität des Rohstoffes durch die Zersplitterung der Stämme, zudem wurden Fischbestände dezimiert.

Die Arbeiter mussten fünf Tage pro Woche in primitiven Unterkünften im Wald verbringen, wo sie sich hauptsächlich von Grießsterz ernährten. Ihr Arbeitstag dauerte elf Stunden. Im Sommer fällten und entrindeten sie die Bäume, um sie dann im Herbst zu Tal zu bringen. Dort lagerten sie bis zur Eisschmelze im folgenden Frühjahr.

Auch wenn die Vorführungen anschaulich die Funktionsweise demonstrieren, ist das Spektakel nur ein Abglanz der historischen Wirk-

Eindrucksvolle Vorführung der traditionellen Holztrift

lichkeit. Damals donnerten nicht nur 20, sondern Hunderte von Baumstämmen durch die Schlucht – eine mühsame und gefährliche Arbeit für die Holzfäller.

Erlebniswelt Mendlingtal

22. April–31. Okt. 9–17 Uhr Führungen durchs Tal: Juli–Anf. Sept. (2,5 Std., jeden Sa 10 Uhr) Schautriften: jeden 1. und 3. Sa im Monat, 13.30 Uhr bei der Klaushütte, 14 Uhr beim Triftrechen. *Tel. 07484/5020-19 oder -20; www.mendlingtal.at/erlebniswelt-mendlingtal.html www.goestling-hochkar.at*

14. Rundweg Mendlingtal

Durch das Mendlingtal und über Eisenwiesen nach Hammer und Groß-Brunneck

Ausgangspunkt: Parkplatz in Lassing; A1, Ausfahrt Ybbs, B25
Charakter: Der Weg verläuft zum Großteil durch Wald, ab und zu Ausblicke auf die Berglandschaft | **Einkehr:** Gasthaus „Fahrnberger" in Lassing (www.hotel-fahrnberger.at), Jausenstation „Hammerherrenhaus" (s. Tour 13), Gasthaus „Zum Hammer" (Mo und Di Ruhetag; www.hammerwirt.at) | **Karte:** KOMPASS Nr. 212

 Mittel   18,6 km   550 hm / 550 hm   6:30 Std.

Zunächst führt die Wanderung durch das Mendlingtal (siehe Tour 13). Wer es schon durchquert hat, kann mit dem „Mendlingtal-Taxi" (Tel. 07484/7014) zur **Jausenstation „Hammerherrenhaus"** fahren (s. Tour 13), Gäste des Gasthauses „Fahrnberger" werden oft kostenlos befördert. Zum **Gasthaus „Zum Hammer"** folgen wir der Asphaltstraße von der Jausenstation 800 m Richtung Lassing. Dann steigen wir gemächlich nach links hinauf, marschieren durch einen Wald, anschließend am Bauernhof Schwölleckau vorbei und danach durch eine Wiese zur Kapelle beim Gehöft „Eisenwiesen" (5,8 km).

Bei einer Ansammlung von Häusern leitet uns dann Weg Nr. 26 hinunter zum **Gasthaus „Zum Hammer"** (Gastgarten; 8,1 km), meistens durch Waldabschnitte. Nach einer Pause wenden wir uns nach links und folgen der B25 300 m Richtung Lassing bis zu einer Ka-

pelle. Dort marschieren wir links über eine **Brücke** und laufen die anschließende Schotterstraße entlang. Nach Umrundung eines Bauernhauses folgen unsere Schritte einem **Wegweiser nach Hochreit** (Wege 7, 3 und 8).

Gemächlich hinaufsteigend durchqueren wir zunächst eine Wiese, dann einen Wald. Der Weg verwandelt sich in einen sehr engen, unbequemen Pfad, der parallel zur Straße verläuft. Bei einer Lichtung wendet sich unsere Route nach links auf einen breiten Waldweg, dem wir 2 km folgen und der in einen Pfad übergeht. Auf ihm wandern wir am plätschernden Schobersbach entlang bis zu einer Lichtung, wo ein Wegweiser „Brunneck 3" uns nach rechts über den Bach auf einen abenteuerlichen **Urwaldsteg** lenkt. Danach geht es steil auf einem rutschigen, unebenen und ungepflegten Waldpfad hinauf. Dies ist der beschwerlichste Teil der Wanderung.

hm

800 — Parkplatz
Lassing
684

Eisenwiesen
834

Groß-Brunneck
775

700 — P

644 — Jausenstation
„Hammerherrenhaus"

580 — Gasthaus
„Zum Hammer"

600

500

684
Parkplatz
Lassing

0   2   4   6   8   10   12   14   16   18   20 km

1:15   2   2:45   5:30   6:30 Std.

Endlich aber gestaltet sich der Weg leichter und bringt uns in Kehren noch weiter hinauf. Er mündet in die Route 243, die zunehmend breiter wird und uns zu einer kühlen Trinkwasserquelle führt. Wir gelangen zu Wiesen mit großartigen Ausblicken und erreichen anschließend **Groß Brunneck** (15,6 km).

Zurück Richtung Lassing folgen wir Weg 213 hinab. Knapp bevor wir die B25 erreichen, biegen wir scharf nach links in den Güterweg Sinsamreit (213) ein, dann nach 350 m (vor dem Anstieg der Straße) nach rechts in eine Schotterstraße (Weg 213). Sie steigt unmerklich an und führt durch einen schattigen Wald entlang eines Baches. Bei der Hochkar-Alpenstraße wenden wir uns nach rechts, passieren die Mautstelle und überqueren die B25 in Sichtweite des Alpenhotels. Wir befinden uns nun wieder in Lassing.

Tal beim Gasthaus „Zum Hammer"

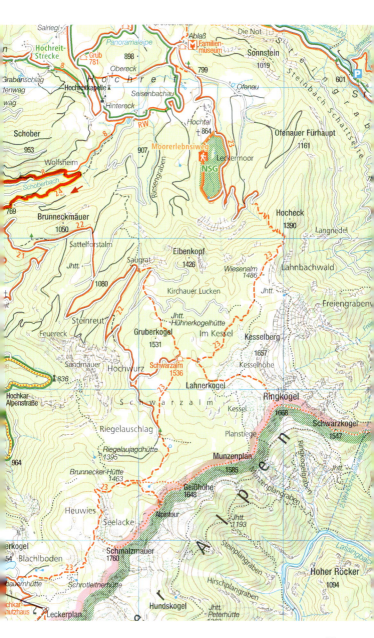

15. Unterwegs im Leckermoor

Hochmoor-Erlebnis bei Göstling

Ausgangspunkt: Jausenstation Ablaß; A1, Ausfahrt Ybbs bis Göstling, dort B25, dann nach ca. 300 m links hinauf Richtung Hochreit (Ablaß ist ausgeschildert) | **Charakter:** Leichte, landschaftlich reizvolle Wanderung auf ebenen Wegen und selten befahrenen Straßen | **Einkehr:** Jausenstationen „Ablaß" und „Grub" (700 m abseits des Weges) | **Karte:** KOMPASS Nr. 212

 Leicht   7,75 km    80 hm / 80 hm   2:30 Std.

 KOMPASS HIGHLIGHT

Jausenstation „Ablaß" mit Familienmuseum

Diese Jausenstation entpuppt sich als eine Art kulinarisches Museum. Wo sonst kann man noch Klachelsuppe genießen? Sie ist dickflüssig und sehr g'schmackig. Früher servierte man sie übriegns zusammen mit den Schweinsfüßen, aus denen sie zubereitet wird, heute, so der Wirt, kann man das den Gästen nicht mehr zumuten.

Gegen eine Eintrittsgebühr kann jederzeit eine Führung durch das sehenswerte **Familienmuseum** gebucht werden. Es erzählt die 300-jährige Geschichte des Bauernhofes Ablaß. Das Museum zeigt unter anderem Traggestelle, mit denen die Knechte Tierfutter in 80 kg schweren Säcken auf die Alm schleppen mussten.
Tel. 07484/2422

Von der Jausenstation auf 799 m folgen wir dem Wegweiser „Hochmoor". Rechterhand entdecken wir einen kleinen Teich mit Wollgras und ein kleines Niedermoor. Nach der Gabelung nach Ofenau (wir bleiben rechts) steigt unsere selten befahrene Asphaltstraße an. Bei der **Skulptur eines Holzschmetterlings** angekommen, lassen wir uns vom Moorerlebnisweg-Schild nach rechts lenken (1,5 km).

Wanderung um das Hochmoor

Wer will, kann auch direkt beim Hochmoor das Auto abstellen. Der ebene Schotterweg leitet uns zunächst eine Pfeifengras-Wiese entlang. Die Halme dieser Grasart besitzen keine Knoten und wurden früher als Pfeifenputzer verwendet. Das Moor entwickelte sich in einem Hochtalkessel, der durch eine von einem Gletscher aufgeschüttete Endmoräne abgeriegelt wurde. Es bildete sich dort ein kleiner See, der vor 10.000 Jahren zu verlanden begann. Dank des küh-

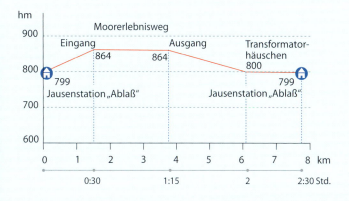

hm

900
800
700
600

Moorerlebnisweg

Eingang   Ausgang   Transformator-
                        häuschen
864   864   800

799   799
Jausenstation „Ablaß"   Jausenstation „Ablaß"

0   1   2   3   4   5   6   7   8   km

0:30   1:15   2   2:30 Std.

len, niederschlagsreichen Lokalklimas entstand dort ein Hochmoor mit einem 7 m tiefen Torfkörper. Dieser Lebensraum war ab 1939 durch Torfabbau, Entwässerung und Aufforstung mit Fichten bedroht. Seit 1984 steht er unter Naturschutz, Renaturierungsmaßnahmen wurden eingeleitet.

Die sich leicht aufwölbende zentrale Moorfläche ist frei von Holzgewächsen. Wir entdecken Buckeln („Bulten") und wassergefüllte Mulden („Schlenken"). Schließlich wandern wir durch einen **Latschenwald** am Moorrand. Der Höhepunkt erscheint kurz vor dem Ende des Rundweges: ein **Steg**, der

Unterwegs im Leckermoor

uns auf Holzbrettern tief in das Feuchtgebiet hineinführt. Wir gehen an Flächen mit Pfeifengras und Sphagnum-Moos vorbei, das Wasser schwammartig aufsaugt. Im offenen Wasser bestaunen wir die Sonnentau-Pflanzen, die absolut nichts von einer fleischlosen Lebensweise halten.

Zurück nach Ablaß bietet sich die Panoramaschleife über die **Hochreitkapelle** an. Vom Ausgangspunkt des Moor-Erlebnisweges laufen wir zunächst Richtung Ablaß zurück und biegen dann bei der ersten Abzweigung Richtung Seisen ab (das Schild ist nur an der Rückseite beschriftet).

Verzaubert von der herrlichen, von Bergen eingerahmten Kulturlandschaft passieren wir ein **verfallenes Bauernhaus**. Von der abschüssigen Schotterstraße biegen wir bei einem Felsen mit einer Bank davor nach links ab. Wir bewegen uns nun auf der Hochreit-Strecke, der wir eine Weile treu bleiben. Die Route führt am **Bauernhof Riesen** vorbei, dann hinunter auf eine Asphaltstraße und in der Folge wieder hinauf. Bei einem **Transformatorhäuschen** (6,2 km) wenden wir uns nach rechts Richtung Obereck und steigen bergwärts auf einem Asphaltweg zum Bauernhof (allerdings befindet sich die Jausenstation „Grub" 0,7 km weiter auf der vorigen Straße). Das Panorama ist unverändert herrlich, außerdem gedeihen hier viele Birnbäume.

Vom **Bauernhof Obereck** marschieren wir hinunter und wählen die Strecke „Hochmoor Nr. 7". Es geht auf einem guten Schotterweg geringfügig hinauf und hinab, zuerst über Felder und dann durch einen Wald. Nun gelangen wir zu einer Asphaltstraße und marschieren nach links. Die Jausenstation Ablaß ist bereits in Sichtweite.

ⓘ KOMPASS INFO

Das Hochmoor
Wenn die Torfschicht so dick ist, dass kein Kontakt mehr zwischen Oberfläche und Grundwasser besteht, spricht man von einem Hochmoor. Nur speziell angepasste Pflanzen und Tiere können unter den dortigen Lebensbedingungen existieren. Oft handelt es sich dabei um seltene, schützenswerte Arten.

Ein Beispiel ist der Fleisch fressende **Sonnentau**. Die Pflanze ist zwar durchaus in der Lage, eigene Nährstoffe durch Photosynthese herzustellen, kann aber nicht genug Stickstoff aus dem mineralstoffarmen Boden gewinnen. Deshalb fängt sie Insekten mit ihren klebrigen Blättern und löst deren Körper auf, um die fehlenden Stoffe zu erhalten.

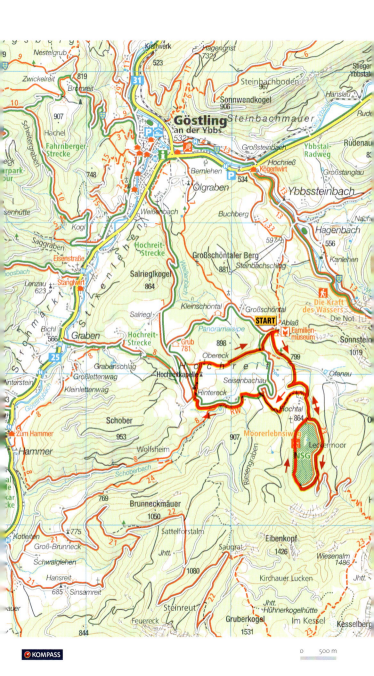

16. Dürrenstein (1878 m)

Wanderung durch den Grünkarst

Ausgangspunkt: Ybbstaler Hütte; über Göstling an der Ybbs, A1, Autobahnausfahrt Ybbs, B25 | **Taxi:** Taxidienst Stangl, Tel. 07484/2250, Tourismusbüro Göstling, Tel. 07484/50210 | **Charakter:** Meistens auf unebenen, steinigen Pfaden. Die schwierigste, aber auch die schönste Wanderung in diesem Band | **Einkehr:** Ybbstaler Hütte (Mo vorm. geschl., Zimmer/Matratzenlager, Tel. 0664/9886801, www.ybbstalerhuette.at) | **Karte:** KOMPASS Nr. 212

 Mittel   9 km   534 hm 534 hm   4:30 Std.

 KOMPASS INFO

Der Grünkarst am Dürrenstein

Auf der Dürrenstein-Wanderung lernen wir eine wahrhaft magische Landschaft kennen. Oberhalb der Ybbstaler Hütte ist schon bald die Baumgrenze erreicht, wo nur noch Latschen und Sträucher gedeihen. Oft schauen aber nackte Kalkfelsen aus der Vegetationsschicht hervor, die fantastische Formen zeigen und wie Naturskulpturen wirken.

Wasser nimmt hier Kohlendioxid aus der Luft auf und bildet so eine schwache Säure. Wenn Regentropfen über Kalkfelsen fließen, lösen sie Mineralstoffe aus dem Gestein. An anderen Stellen verdunsten sie und lagern sich als Kalk ab. Auf die gleiche Weise, wie in Höhlen Tropfsteine entstehen, bilden sich hier ausgedehnte oberirdische Felsformationen, die eine zauberhafte Szenerien bieten.

Der Weg zur Ybbstaler Hütte

Der einfachste Weg beginnt beim Steinbach-Parkplatz. Die Straße dorthin zweigt kurz vor Göstling beim Kögerlwirt von der B25 nach links ab. Vom Parkplatz aus beträgt der Höhenunterschied 740 m, wobei man zwischen einer kehrenreichen Forststraße mit tollen Ausblicken und einem steileren Pfad wählen kann. Wem das zu anstrengend ist, kann auf einen **Taxidienst** zurückgreifen: Das Taxi fährt in der Saison jeden Donnerstag in der Früh zur Bärenlacke, wo die Wanderer am Nachmittag wieder abgeholt werden (Plätze unbedingt reservieren!). Man kann aber auch individuelle Fahrten organisieren. Diese müssen aber einige Tage vorher gebucht werden, weil eine Genehmigung der Forstbehörde erforderlich ist.

Von der Bärenlacke steigen wir noch die letzten 157 m zur **Ybbs-**

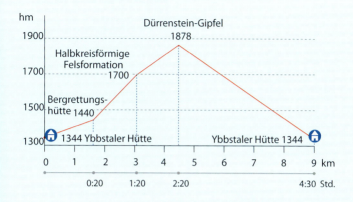

taler **Hütte** hinauf. Der 1,7 km lange Weg ist ein wenig steinig, aber sehr leicht zu bewältigen.

Aufstiegswege zum Gipfel

Wenn Forstarbeiten durchgeführt werden oder schlechte Witterungsbedingungen herrschen, ist der erste Abschnitt des markierten Weges zum Dürrenstein beschwerlich. Die **Alternativroute** ist auf jeden Fall wesentlich leichter. An der Ybbstaler Hütte orientieren wir uns am Wegweiser „Grünloch" und steigen den Abhang hinunter zur Forststraße, wo wir uns nach rechts wenden. Derzeit werden wegen eines Borkenkäferbefalls Fichten um die Hütte herum gerodet. Ein Sturm hat die Bäume so stark geschwächt, dass sie für die Schädlinge anfällig wurden.

Bald erreichen wir die Grenze zum Naturschutzgebiet, wo Schlägerungen nicht erlaubt sind und die Bäume ohnehin gesund erscheinen. Wir wandern weiter in Kehren gemächlich empor bis zum (derzeitigen) Ende der Forststraße. Dann geht es hinunter zur steinernen Bergrettungshütte (1,5 km). Von der **Bergrettungshütte Legstein** leitet uns ein Pfad (rot-weiß-rote Markierung) zur hölzernen Jagdhütte (1490 m) hinauf. Kurz vorher stoßen wir auf die Legstein-Trinkwasserquelle. Der Weg von der Bergrettungshütte zum Gipfel steigt stetig bergan. Er ist sehr steinig und uneben, sodass man auf jeden Schritt aufpassen muss. Wir sind bei der Baumgrenze angelangt; außer vereinzelten Lärchen begegnen uns hier nur noch Latschen und kleine Vogelbeerbäume. Wir entdecken Alpenrose, Blauen Eisenhut und Weißen Germer. Areale mit Alpenampfer, einem Stickstoffanzeiger, deuten darauf hin, dass Kühe hier weiden. Zwischen der Vegetation kommen fantasievoll zerklüftete Kalkfelsen zum Vorschein.

Wir sind im Reich der Gämsen angekommen. Auf unserem weiteren Weg zum Gipfel taucht rech-

Gämsen

Gämsen überwinden mühelos 2 m hohe Stufen und 6 m breite Klüfte. Ihr Herz kann ohne Schaden 200 Mal pro Minute schlagen, weshalb die Tiere auch 1000 m Höhenunterschied in wenigen Minuten bewältigen können. Auf dem Dürrenstein lassen sich die Tiere aus der Nähe beobachten; allerdings sind sie nur außerhalb der Jagdzeit zu sehen. Anscheinend spüren sie, wann der Mensch für sie gefährlich wird.

terhand eine halbkreisförmige **Felsformation** auf, die ein wenig einem griechischen Theater ähnelt (3,1 km). Wir bestaunen die feine, dekorative Verarbeitung der „Sitzreihen" und warten auf eine Schauspieltruppe.

Anschließend steigen wir weiter bergauf und folgen einer Linkskurve, rechterhand geht es an einer steilen Felswand vorbei. Links eröffnet sich das Panorama zum Obersee; ein alpiner Weg leitet an ihm vorbei nach Lunz am See.

Eine Weile marschieren wir ziemlich flach durch eine Latschenallee und müssen aufpassen, den relativ leichten Aufstieg zum **Gipfel** nicht zu verpassen. Vom Gipfelkreuz auf 1878 m genießen wir die berauschende Aussicht, bevor wir uns auf den Rückweg (wie der Hinweg) machen.

Rechts: Begegnung im bizarren Grünkarst des Dürrensteinmassivs

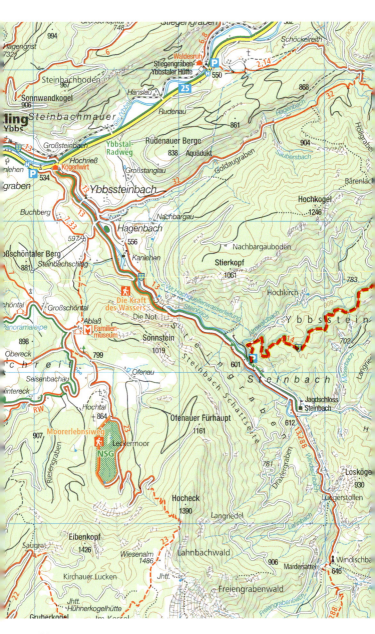

17. Hochkar (1808 m)

Leichte Wanderung im verkarsteten Hochgebirge

Ausgangspunkt: Bergstation der Hochkarbahn; Anfahrt über A1, Ausfahrt Ybbs, B25 nach Lassing und Hochkar-Mautstraße
Charakter: Abstieg auf guten Pfaden und Forststraßen | **Einkehr:** in der Berg- und Talstation der Hochkarbahn (Betrieb Sa–Do, Tel. 07484/2122, www.hochkar.com) | **Karte:** KOMPASS Nr. 212

 Leicht   6,5 km  220 hm 510 hm   3 Std.

Die Seilbahn bringt uns in wenigen Minuten zum **Geischlägerhaus** (1769 m). Der Weg zum Gipfel ist gut zu begehen, wenn auch etwas steinig. Unterwegs durchqueren wir Latschenfelder und bewundern die Bergvegetation (Polsterpflanzen, Blauer Eisenhut, Enziane).

Der **Hochkar** ist mit seinen 1808 m der höchste Gipfel der Göstlinger Alpen, die einen Teil der Ybbstaler Alpen bilden, und bietet spektakuläre Ausblicke. Aus der grünen Vegetation schauen an manchen Stellen nackte Kalkfelsen heraus.

Für den Rückweg vom Gipfel ins Tal kehren wir zum Geischlägerhaus zurück und setzen unseren Weg auf der asphaltierten Straße in Richtung der ORF-Sendestation fort. Nach einem kurzen Abstieg steigen wir zum Gipfel des „Häsing" steil hinauf. Zwar fehlen Wegweiser und Markierung, aber wir brauchen nur die Bergstation des nächst gelegenen Skilifts anzusteuern (2,6 km, 1721 m). Der

Weg ist eben und leicht zu bewältigen.

Gerade weiter über die Alm marschierend folgen wir dem Wegweiser „9", der uns in einer Linkskurve steil hinunter über eine Wiese leitet. Der Weg ist gefahrlos begehbar und nicht zu verfehlen, denn das Tal mit seiner touristischen Infrastruktur ist bereits in Sichtweite. Unterwegs begeistern die vielen lilafarbenen Büschel des Reichästigen Enzians am Boden. Wir steuern auf den **Jäger-Hochsitz** und die Gebäude dahinter zu, das Gebiet heißt „In der Höll". Aus dieser gibt es aber zum Glück einen Ausweg. Wir folgen dem Wegweiser „9", der auf dem Hochsitz montiert ist, nach links zur Asphaltstraße. Diese leitet ins Tal hinunter zum **Hochkar-Schutzhaus** (4,2 km).

Abstecher zum Bergsee

Die Fortsetzung der vorher erwähnten Asphaltstraße ist eine Schotterstraße, die zu einem Bergsee führt. Bei einer Gabelung hal-

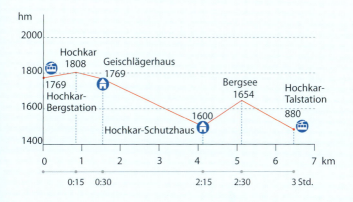

```
hm
2000
1800  Hochkar
      1808    Geischlägerhaus
1769 🚠           1769 🏠
     Hochkar-
1600 Bergstation              1600          Bergsee   Hochkar-
                                            1654      Talstation
                    Hochkar-Schutzhaus 🏠            880
1400                                                   🚠

      0     1     2     3     4     5     6     7   km

         0:15  0:30                2:15  2:30        3 Std.
```

ten wir uns an die rot-weiß-rote Markierung um eine Rechtskurve, und laufen dann anschließend an dem **Wegweiser „Bergsee"** vorbei.

Der romantische See (5,2 km) liegt inmitten eines Fichtenwalds. **Zurück zur Talstation** der Hochkar-Bahn geht es auf gleichem Weg

Zwischen Latschen hindurch führt der Weg auf den Hochkar

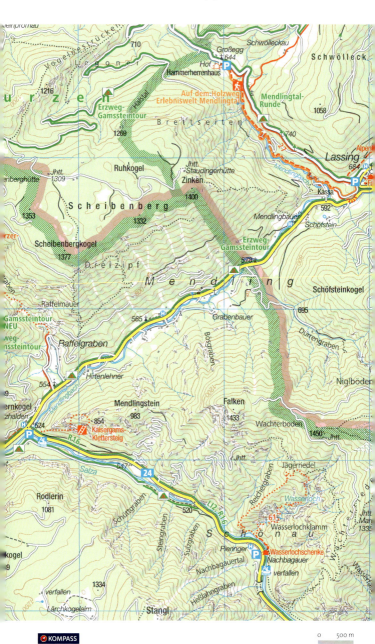

18. „Proviantweg" Gresten
Herrliches Panorama statt Speis und Trank

Ausgangspunkt: Raiffeisenkasse Gresten (Parkplätze am Wochenende); A1, Ausfahrt Ybbs, B25 über Scheibbs | **Charakter:** Langer, aber gemächlicher Auf- und Abstieg, meist auf wenig befahrenen Straßen | **Einkehr:** Hofladen und „Karl-Wirt" (www.karl-wirt.at) in Gresten | **Karte:** KOMPASS Nr. 212

 Mittel   14 km   460 hm 460 hm   5 Std.

 KOMPASS INFO

Der „Proviantweg"
Lehrtafeln entlang der Route erklären faszinierende historische Zusammenhänge. Zum Beispiel erfahren wir, dass die Bauern zu Arbeitsleistungen (Robot) verpflichtet waren und ihren Grundherren ein Zehntel der Ernte abliefern mussten. 1776 (unter Maria Theresia) reichten die Bauern von Unterbüchl (Unterbichl) eine Klage gegen Forderungen ein, die ihnen gestellt wurden; sie wurde aber abgewiesen.
Erst 1848 wurden die Bauern befreit, wegen der Rationalisierung in der Landwirtschaft aber gerieten sie zunehmend unter Druck.

Gresten: Proviant-Eisen-Museum
Die Ausstellung befindet sich in einem spätgotischen Karner, einem Gebeinhaus. Thema des Museums ist der Handel mit Eisen und Proviant. Sa, So und Feiertage 10–17 Uhr.
www.gresten.gv.at

Früher konnte man unterwegs auf diesem Weg bei den Bauern einkehren und ihre Produkte verkosten – heute wandert man hier wegen des herrlichen Panoramas. Im Hofladen lassen sich aber immer noch einige Produkte kaufen.

Von der **Raiffeisenkasse Gresten** biegen wir nach rechts in den Unteren Markt ein, dann wieder in die Lindengasse (Wegweiser „Grestner Höhe"). Von dort folgen wir der rotweiß-roten Markierung und dem Hinweisschild „Proviantweg". Der meist asphaltierte Weg steigt langsam, aber stetig an und gewährt uns einen Blick über die bergige Kulturlandschaft. Baumreihen trennen die Felder, nur die Höhenzüge sind durchgehend bewaldet. Ende August sind die Obstbäume dicht mit Äpfeln und Birnen beladen.

Ab Unterbichl gehen wir flach durch offenes Gelände, **hinter Oberbichl** steigt der Weg aber wieder an. Auf einem abschüssi-

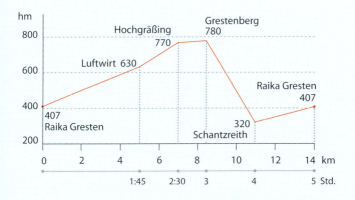

hm

800	

Hochgräßing
770

Grestenberg
780

Luftwirt 630

Raika Gresten
407

400

407
Raika Gresten

320
Schantzreith

200

0 2 4 6 8 10 12 14 km

1:45 2:30 3 4 5 Std.

gen Waldweg kommen wir auf die B22. In früheren Zeiten waren hier Wallfahrer nach Mariazell und zum Sonntagberg unterwegs. Sie rasteten in Gasthäusern wie dem **„Luftwirt"** (5 km), der inzwischen geschlossen ist. Rund 1 km geht es unangenehm auf der B22 mit ihrem Verkehrslärm entlang. Ein kleiner Trost: Heutzutage hat man wenigstens keine Überfälle auf Postkutschen mehr zu befürchten. Ein Reisender am Anfang des 20. Jhs. hat hier aus Dank für seine Errettung vor Räubern eine Votivtafel errichtet.

Vom einstigen Gasthaus steigen wir rechts auf einer selten befahrenen asphaltierten Straße weiter empor – begleitet von einem fantastischen Bergpanorama und den neugierigen Blicken der Kühe.

In **Gseng** gedenkt eine **Bauernkapelle** der Opfer des Bauernkrieges von 1597. Damals wurden 12.000 der Aufständischen bei St. Pölten aufgerieben.

Votivtafel auf dem Weg nach Gseng

Bei **Hochgräßing** erreichen wir den beinahe höchsten Punkt der Wanderung und zweigen nach rechts ab. Auf und ab leitet uns die Straße bis zum **Grestenberg** (8,5 km). In der **St.-Wolfgang-Kapelle** findet man eine Kopie der ältesten Darstellung bäuerlicher Arbeit in der westlichen Welt (von 818).

Über eine Wiese steigen wir bergab und gelangen zum **Hofladen Saletzberg** (9,5 km, 750 m). Wenn jemand anzutreffen ist, kann man hier gut jausen. Der Bauer verkauft als begeisterter Verfechter unverwechselbarer Produkte lokale Fleisch- und Wurstwaren auf regionalen Märkten. Gerne würde er Wanderern auch Warmes servieren, aber die behördlichen Auflagen, die er dafür erfüllen müsste, findet er übertrieben. Er kennt auch eine empfehlenswerte Käserei etwas abseits der Route (Hofladen, Tel. 07487/7705).

Zurück nach Gresten folgen wir der rot-weiß-roten Markierung über Kehren hinab und durch einen Wald. Der **Meridianstein** markiert die Stelle, an dem der 15. Grad östlich von Greenwich den 48. Breitengrad kreuzt. Weitaus wichtiger für manche ist die kostenlose Versorgung mit flüssigem Proviant: Ein **Trinkwasserbrunnen** sprudelt unablässig für durstige Kehlen.

Auch das **Proviantstüberl Schantzreith** ist nicht mehr in Betrieb. Wer dort links abbiegt, findet aber den „Karl-Wirt" in 500 m Entfernung auf der Hauptverkehrsstraße L92. Wir bleiben auf unserem Weg und laufen 1,5 km lang parallel zu den Bahngleisen, überqueren bei den aufgehängten Fahrrädern den Grestenbach sowie die Gleise und lassen uns, nachdem wir rechts eingebogen sind, von der Hauptverkehrsstraße zum Ausgangspunkt (14 km) zurückbringen.

Freundliches Begrüßungskomitee

19. Ruinenweg Gresten

Bachidyll und Ausblick auf Gresten

Ausgangspunkt: Raiffeisenkasse Gresten (Parkplätze am Wochenende); A1, Ausfahrt Ybbs, B25 über Wieselburg und Scheibbs | **Charakter:** Leichte, sehr beschauliche Wanderung **Einkehr:** in Gresten | **Karte:** KOMPASS Nr. 212

 Leicht   6 km   100 hm / 100 hm   2:15 Std.

Vom Parkplatz laufen wir zum Unteren Markt, spazieren am Rathaus vorbei und biegen nach etwa 400 m links in die **Erlaufpromenade** ein. Nach der Brücke geht es nach rechts und weiter auf dem Privatweg. Am Ende der Promenade marschieren wir nach rechts, dann sofort nach links in den Oberen Markt. Bei der Bäckerei wenden wir uns zuerst nach rechts, einige Schritte weiter nach links dem Bach entlang und setzen die Route anschließend durch die Kinderdorfstraße fort. Dann überqueren wir den Bach und wandern nach links in die **Ybbstalstraße**.

Die üppige Ufervegetation ist eine Augenweide, gleiches gilt für die fantasievollen alten Villen. Eine im Renaissancestil errichtete Villa hat einen prächtigen italienischen Garten. Nachdem wir sie passiert haben, orientieren wir uns nach rechts, überqueren eine Brücke und 250 m weiter eine verkehrsreiche Straße. Nun befinden wir uns in **Ybbsbachamt** (2,25 km).

Aufstieg zur Oberhauskapelle

Der markierte Pfad zur Kapelle ist schlammig und etwas steinig, aber eigentlich nicht steil oder besonders schwierig. Er führt uns durch dichten, schattigen Wald. Nach der ersten Kurve leitet die rot-weiß-rote Markierung weiter hinauf. An der **Kapelle** angekommen (3,0 km), genießen wir einen ausgezeichneten Ausblick auf Gresten und Umgebung. Wir gehen zwar den

 KOMPASS INFO

Die Hausegger
würden sich vermutlich darüber ärgern, dass ihre einstige Behausung zweckentfremdet wurde. Aus deren Mauerresten errichtete man nämlich im Jahr 1854 eine Kapelle als Dank für die Abwendung einer Choleragefahr.
Seit dem 11. oder 12. Jahrhundert hatte das streitbare Geschlecht der Hausegger hier geherrscht. Um ihre vielen Konflikte, etwa mit dem Stift Seitenstetten, zu schlichten, mussten oft Kaiser und Papst einschreiten.

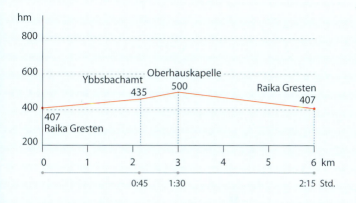

hm

800

600

Oberhauskapelle

Ybbsbachamt

435

500

Raika Gresten

407

400

407
Raika Gresten

200

0   1   2   3   4   5   6 km

0:45 1:30   2:15 Std.

gleichen Weg zurück, lassen uns aber diesmal von der Straße „Unterer Markt" ins Zentrum leiten. Am Wochenende und an Feiertagen (10–17 Uhr) lohnt sich der Besuch des **Proviant-Eisen-Museums Gresten**, das eine Dauerausstellung zum Thema Provianteisen zeigt (Anmeldung im Gemeindeamt, Tel. 07487/231016).

Blick auf den Ort Gresten von der Kapelle aus

20. Lunzer Bahnerlebnisweg

Alpine Rundwanderung auf den Spuren eines alten Dampfrosses

Ausgangspunkt: Gemeindeamt Lunz am See (Haus mit Schwarz-Weiß-Sgraffito); A1, Ausfahrt Ybbs, B25 | **Charakter:** Lange Wanderung mit erheblichem Aufstieg auf guten Wegen und Pfaden | **Einkehr:** Lunz am See , z. B. Gasthaus „Zur Paula" (Di Ruhetag, Tel. 07486/8220) | **Karte:** KOMPASS Nr. 212

 Mittel   13 km   400 hm / 400 hm   5 Std.

 **KOMPASS HIGHLIGHT**

Die Ybbstalbahn

Historische Eisenbahnen sind eine Mostviertler Spezialität. Stählerne Ungeheuer, die unter lautem Pfeifen riesige, beißende Dampfwolken ausspeien, treiben ihr Unwesen auf einigen Bahnstrecken in diesem Teil Niederösterreichs. Die Strecke der Ybbstalbahn wurde 1898 eröffnet. Durch Sprengungen in den harten Dolomit hat man auf unserer Route künstliche Schluchten für die Bahngleise zwischen Neidfleck und Bodingstein geschaffen. Damit gelang es, die erhebliche Steigung dort ohne Tunnelbauten zu überwinden.

Die historische Bahn verkehrt zwischen Ende Mai und Ende September. Manchmal werden Dampf-, manchmal aber auch Diesellokomotiven eingesetzt. Es ist ein unvergessliches Abenteuer, mit dieser urzeitlichen Maschine zu fahren.

Sollte unterwegs eine Panne passieren, erlebt man ein besonderes Schauspiel: Dann wird der metallene Koloss mit primitiven Geräten von den Gleisen gehoben und später wieder darauf zurückgesetzt.

Tel. 07486/808115
www.lokalbahnen.at
www.ybbstalbahn.at

Auf der Hauptstraße von **Lunz** entdeckt man das historische weiße **Sgraffito-Haus**, das Heimatmuseum und Gemeindeamt beherbergt. Der Weg folgt den Bahngleisen, nach 1 km kommt das Gasthaus „Zur Paula" in Sicht – die einzige Einkehrmöglichkeit unterwegs. Im weiteren Verlauf der Wanderungen begeistern Blumenwiesen und die wunderbaren Ausblicke auf die Berglandschaft. Dann kommt **Holzapfel** (1,75 km) in Sicht, wo ausrangierte Waggons

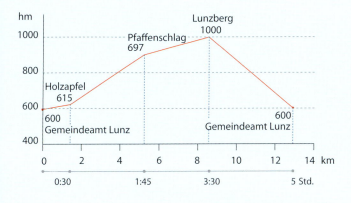

vor sich hinrosten. Dort verlässt der Weg die Gleise und steigt ein wenig durch einen Wald zum Los-

bichlkreuz empor. Dann führt er uns zum Ort Neidfleck hinunter, wo Sprengungen eine künstliche

Historische Dampflokomotive auf der Strecke der Ybbstalbahn

Schlucht durch die Felsen geschaffen haben.

Wir bleiben meistens in der Nähe der Trasse und erreichen bald Bodingstein und daraufhin **Pfaffenschlag**. Dieser Teil der Wanderung ist ziemlich leicht. An Samstagen und Sonntagen kann man von hier aus mit dem historischen Zug zurückfahren, was sich sehr empfiehlt. An Wochentagen steht ein Postbus zur Verfügung.

Wir gehen am (nicht besetzten) **Bahnhof Pfaffenschlag** vorbei und wenden uns beim Wegweiser „Lunzberg-Lunz 11" nach rechts. Die rot-weiß-rote Markierung leitet uns stets empor, zunächst auf einem Asphaltweg, dann auf einem Feldweg, wo es steil nach oben geht.

Unterwegs genießen wir die Aussicht auf die Berge, dann marschieren wir durch ein Waldstück. Immer wieder erfreuen uns botanische Kostbarkeiten: Schneerosen, Trollblumen, Akeleien, Akeleiblättrige Wiesenrauten und das Weiße Waldvöglein.

Am 1000 m hohen **Lunzberg** erreichen wir den höchsten Punkt der Wanderung. Einen Wegweiser zum Lunzbergkreuz suchen wir aber vergebens, angeblich ist der dortige Ausblick gänzlich zugewachsen. Also überqueren wir eine Alm und beginnen den langen **Abstieg**, meistens auf einer Forststraße. Glücklicherweise hat man ein paar Mal Sicht auf Lunz und seine Umgebung, bevor der Ort erreicht wird.

Ein schöner Talblick auf Lunz eröffnet sich vom Lunzberg

21. Rundweg Kartause Gaming
Blick auf ein mittelalterliches Meisterwerk

Ausgangspunkt: Kartause Gaming, A1, Ausfahrt „Ybbs", B25
Charakter: Schattiger Waldpfad mit leichtem Aufstieg; Weg teilweise uneben, für kleine Kinder bedingt geeignet (Abstieg über Leiter) | **Einkehr:** Restaurant im Hotel Kartause Gaming (tägl. geöffnet, www.kartause-gaming.at) | **Karte:** KOMPASS Nr. 212

 Leicht   5,8 km   105 hm 105 hm   2 Std.

Kreuzweg

Wir überqueren die B25 vor der Kartause und folgen Weg 29 bergauf. Der schattige Wald bildet einen dichten Vorhang, der nur am Anfang einen Ausblick auf die Klosteranlage gewährt. Nach dem ersten Anstieg geht es geradeaus weiter. Wer nun zum „Aussichtspunkt" abzweigt, kann dort auf einer Bank mitten im dichten Wald Platz nehmen und sich das nicht vorhandene Panorama vorzustellen versuchen. Weiter hinauf auf dem etwas steinigen Pfad erreichen wir bei einer **Kreuzwegkapelle** mit einer Geburtsszene (1,3 km) den höchsten Punkt unserer Wanderung.

Auf Kehren steigen wir nun zur ehemaligen **Trasse der Bergwerksbahn** hinab. Sie wurde für den Transport der Steinkohle, die im 19. Jh. die bis dahin übliche Holzkohle als Energiequelle ersetzte, genutzt. Das **Bergwerk**, unser nächstes Ziel, war von 1919 bis 1961 in Betrieb. In seiner Umgebung hat

man wertvolle Fossilien entdeckt, z. B. einen 3 m langen Panzerlurch aus dem Obertrias (Alter: 215 Mio. Jahre). Fossilienjäger können hier ihr Glück versuchen.

Auf einer 3 m langen Leiter erfolgt nun der abenteuerliche Abstieg zur **B25**. Die Straße diente früher zur Versorgung des Klosters. Es hatte das Privileg, eine bestimmte Menge Eisenerz ohne die sonst übliche Maut einführen zu dürfen. Nach der Querung der B25 folgt der Aufstieg zum Ausblickspunkt **Rosenhügel,** der schönste Teil der Wanderung. Wir laufen auf einem breiten, bequem zu laufenden Weg. Nach 700 m erreichen wir die Abzweigung zum Rosenhügel. Von hier aus ist die Sicht auf die Kartause besonders lohnend, leider droht auch sie zuzuwachsen.

Der weiterführende Pfad ist teilweise verwachsen, jedoch insgesamt besser gepflegt als der erste Streckenabschnitt unserer Wanderung. Wir befinden uns immer

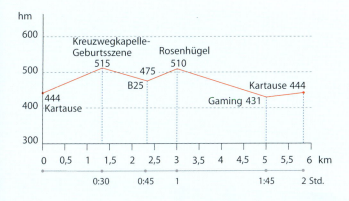

noch im dichten Wald; 170 km² davon gehörten vor seiner Aufhebung zum Kloster. Holz war damals die wichtigste Energiequelle, auch für die Eisen verarbeitende Industrie. Wir gelangen zu einer asphaltierten Straße, die uns nach unten führt. Hier genießen wir zum zwei-

Der Dachreiter der Kartause Gaming stammt aus dem 14. Jh.

ten Mal einen guten Ausblick auf die Klosteranlage. Dann biegen wir in den markierten Pfad kurz vor dem Waldrand ein. Bei der ersten Gabelung wenden wir uns nach rechts (nach unten – keine Markierung), dann folgen wir dem Schild zum (ehemaligen) Bahnhof. Historische Dampf- und Diesello-

komotiven des **Ötscherlandexpresses** fahren regelmäßig hier durch. Die Straße führt zur Ortsmitte von **Gaming** (5 km) hinunter, wo wir nach rechts marschieren. In der Rathaus-Arkade sind historische Eisenwaren ausgestellt. Von dort laufen wir zur Kartause (5,8 km) zurück.

Wahrzeichen der Kartause Gaming ist der gotische Dachreiter der Kirche

22. Rundwanderung im Naturpark Ötscher-Tormäuer

Steile Felswände, Wasserfälle und ein
großartiges Gebirgspanorama

Ausgangspunkt: Parkplatz Eibenboden am Eingang zum Naturpark; A1, Ausfahrt Ybbs, B25 bis Gaming, L6171 nach Urmannsau,
dann L6172; keine öffentlichen Verkehrsmittel, Wandertaxis
(Lackenhof Tel. 0664/4227882, Annaberg Tel. 02728/392) | **Charakter:**
teilweise etwas steinige Pfade | **Einkehr:** Jausenstation Nestelberger
Rast (täglich, Tel. 07485/98891) | **Karte:** KOMPASS Nr. 212.

 Leicht   7,6 km   305 hm 305 hm   3 Std.

Vom Parkplatz geht es zunächst auf einem Asphaltweg stetig himmel-wärts, dann lenkt uns der Wegwei-ser „Trefflingfall 30 Min." auf einen flachen Schotterpfad. Wir passie-ren eine verfallene Mühle und mar-schieren zwischen spektakulären, steil aufragenden Felsen beidseits des Erlaufflusses, während das Ge-wässer unter uns gewaltig tost. Nach 45 Minuten erreichen wir den eindrucksvollen **Trefflingfall**, der 300 m über Felsen schäumend in die Tiefe stürzt (2,5 km).

Es folgt die enge Toreckklamm, wo früher ein Holzrechen Baum-stämme auffing. Bis 1911 wurde hier Holz getriftet. Danach über-queren wir nach weiteren 500 m den Fluss und beginnen den Auf-stieg. Wir folgen dem Wegweiser „Nestelberg" und steigen auf dem Kirchensteig ziemlich steil durch Wald bergan. Nach einer Kreuzung setzen wir den Weg auf einer Forststraße fort und gelangen dann später zu einem **Kreuz**. Von dort verläuft das letzte Drittel des Aufstiegs etwas flacher.

Erst bei **Nestelberg** hört die Stei-gung auf. Das Dorf gilt als das ent-legenste im Ötschergebiet. Es wur-de ursprünglich von Holzfällerfa-

ⓘ KOMPASS INFO

Aufstieg zum Ötscher (1893 m)
Routen zum Gipfel beginnen in Lac-kenhof (809 m). Von diesem Ort aus bringt ein Doppelsessellift Be-sucher zum Ötscherschutzhaus (1418 m). Der Gipfelanstieg dauert von der Hütte 1:30 bis 2 Std.

www.oetscherhaus.at

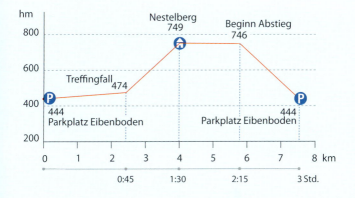

hm

800 — Nestelberg 749 — Beginn Abstieg 746

600

Treffingfall 474

400 — Parkplatz Eibenboden 444 — Parkplatz Eibenboden 444

200

0   1   2   3   4   5   6   7   8 km

0:45   1:30   2:15   3 Std.

milien besiedelt, die kleinere Landwirtschaften besaßen. Erst in den 1960er-Jahren erreichte der Segen der Zivilisation in Form von Strom und Telefon die Einwohner. Trotzdem zogen junge Familien fort. Die wichtigste Institution des Ortes blieb jedoch erhalten – die **Jausenstation „Nestelberger Rast"**.

Wir folgen dem Schild „Eibenboden über Kassteig 15" und gönnen uns einen lohnenden Ausblick zur Brandmauer (1277 m), dann leitet uns der Weg durch einen Wald. Die Asphaltstraße ist leicht abschüssig. Bei einer Gabelung marschieren wir weiter sanft nach unten, bis wir zur Brennwiese gelangen.

Der markierte **Kassteig** führt uns dann in etlichen Kehren durch einen Fichten- und später in einen Buchenwald ins Tal hinunter. Wir passieren riesige Kalksteinfelsen, wo Hirschzungen-Farne wachsen. Auf der Verkehrsstraße wenden wir uns nach rechts und staunen über die hoch aufragende Felsenkulisse

sowie über die Bestände des Riesen-Schachtelhalmes. Der Ausgangspunkt ist dann noch 1 km entfernt.

Schlucht nach dem Trefflingfall

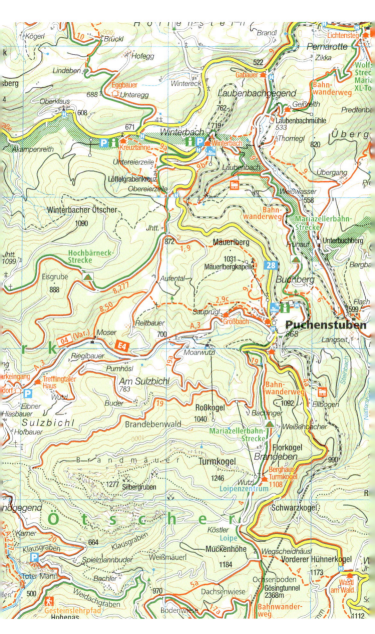

23. Vordere Ötschergräben

Durch „Österreichs Grand Canyon"

Ausgangspunkt: Bahnhof Wienerbruck (Parkplätze); A1, Ausfahrt St. Pölten, B20 | **Charakter:** Oft ausgesetzte, gelegentlich felsige Pfade, aber meistens eben | **Einkehr:** Jausenstation Lassingfall-stub'n in Wienerbruck (Mai–Okt. tägl.), Jausenstation Ötscherhias (Mai–Okt. tägl., Tel. 664/2759888) | **Karte:** KOMPASS Nr. 212

 Mittel   8,1 km   380 hm / 380 hm   3:30 Std.

⭐ KOMPASS HIGHLIGHT

„Natur-Skulpturgarten" Ötschergräben

Die Wände der Schlucht bestehen aus weißem Dolomit, der härter, aber poröser als der mit ihm verwandte Kalkstein ist und leicht zerbröckelt.

Das erklärt auch die reich gegliederte Struktur der Wände: Statt sich als massive Wand zu präsentieren, sind sie vertikal zerklüftet und lösen sich in unzählige Spitzen, Türmchen, Falten und Blöcke auf. Im September 2011 wurde der Weg durch die Ötschergräben zur schönsten Wandertour 2011 gekürt.

Als eher unscheinbar präsentiert sich die **Jausenstation Lassingfall-stub'n** am Bahnhof von Wienerbruck. Hier entrichten wir die Eintrittsgebühr für den Naturpark (2 € pro Erw.). Zunächst verläuft der Weg (Wegweiser „Ötschergräben") an einem Stausee entlang, dann tauchen wir in eine feuchte Wald-schlucht ein. Nach wenigen Minuten erscheint eine Abzweigung zur Jausenstation Kollerbauer. Hoch über dem Bach bewundern wir den rauschenden **Kienfall**. Etwas weiter, beim **Lassingfall** (1,8 km), eröffnet sich ein grandioser Ausblick auf die Schlucht mit ihrem zerklüfteten Dolomitgestein.

Wir steigen zum **„Stierwaschboden"** (2,3 km) hinab – dem tiefsten Punkt unserer Wanderung – und befinden uns nun in den eigentlichen **Ötschergräben**. Jahrzehntelang hat das hier befindliche Kraftwerk die Elektrizität für die Mariazellerbahn geliefert.

Nun geht es langsam wieder aufwärts. Der Weg ist stellenweise steinig und ausgesetzt, insgesamt aber ziemlich breit und ungefährlich. In die grüne Vegetation eingebettet kommen die „Felsskulpturen" des Dolomit optimal zur Geltung: die Spitzen und Türmchen des zerklüfteten Gebirges sind sehenswert! Nach einer reizvollen Engstelle ist

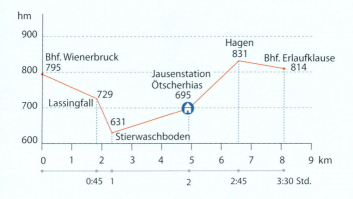

hm

900

Bhf. Wienerbruck
795

Hagen
831

Bhf. Erlaufklause
814

800

Jausenstation
Ötscherhias
695

729

Lassingfall

700

631

Stierwaschboden

600

0 1 2 3 4 5 6 7 8 9 km

0:45 1   2   2:45   3:30 Std.

die **Jausenstation „Ötscherhias"** (4,9 km) erreicht.

Auf dem Weiterweg folgen wir dem Schild „Erlaufklause", der Weg führt an einer intakten Mühle vorbei steil bergauf zu einer Asphaltstraße. Sie bringt uns nach **Hagen** (6,6 km), wo uns eine schöne Holzkapelle in ungewöhnlichem Stil überrascht. Dann führt sie uns weiter zum **Erlaufstausee** und zum **Bahnhof Erlaufklause**. Züge nach Wienerbruck verkehren auch an den Wochenenden alle 60–90 Minuten (bis kurz nach 18 Uhr). Als letzter Rettungsanker bietet sich sonst die Rückfahrt mit dem Taxi an (Tel. 0664/7934468). Diese Wanderung lässt mehrere Varianten zu und kann auch verlängert werden.

Eine Wandergruppe in den Vorderen Ötschergräben

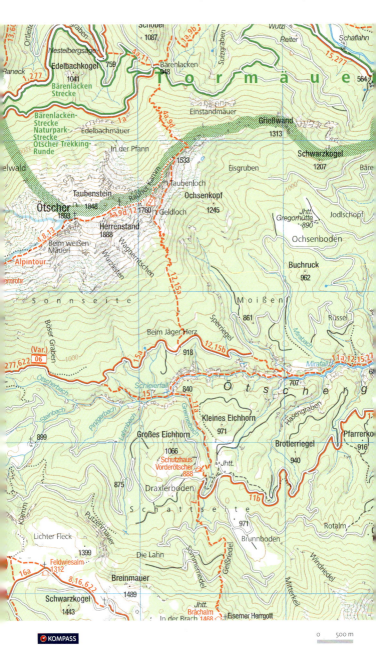

0   500 m

24. Hintere Ötschergräben
Märchenhafte Schluchtenwanderung

Ausgangspunkt: Parkplatz Erlaufklause beim Stausee; A1, Ausfahrt St. Pölten, B20| **Charakter:** Pfade und Forststraße, oft ausgesetzt, gelegentlich felsig (man sollte schwindelfrei sein); mit Hüttentaxi kürzere Wanderzeit (3 Std.) | **Einkehr:** Ötscherhias (siehe Tour 23) und Schutzhaus Vorderötscher (Tel. 0699/11888972, www.vorderoetscher.at) | **Karte:** KOMPASS Nr. 212

 Mittel   15,5 km   207 hm / 207 hm   5 Std.

Abstieg in die Ötschergräben: Wir fahren am Bahnhof Erlaufklause (814 m) vorbei und stellen das Fahrzeug am Parkplatz vor dem Schranken oberhalb des Stausees ab. Anschließend wandern wir auf der Forststraße leicht hinauf nach Hagen, dann wieder hinunter zum Eingang des Weges in die Schlucht. Der Weg führt in Kehren steil bergab. Wir kommen an einer neu gebauten **Schaumühle** vorbei und erreichen den **Ötscherhias** (3,25 km, warme und kalte Speisen, keine Übernachtungsmöglichkeit), wo die Gräben beginnen. Hier muss auch die Eintrittsgebühr für die Ötschergräben (2 € pro Erw.) entrichtet werden.

Vom Parkplatz aus wenden wir uns nach links und marschieren durch die zerklüftete Berglandschaft mit ihren Türmchen und Spitzen. Das erste Ziel ist der 80 m hohe **Mirafall**, dessen herabstürzendes Wasser einen dichten Nebel bildet. Unzählige bunte Schmetterlinge flattern um uns herum und wir bewundern Alpenveilchen, Türkenbundlilien, Orchideen (Mücken-Handwurz, Braunrote Sumpfwurz) und große Flächen mit weißen Graslilien.

Hier gilt es gut aufzupassen: Der an sich leichte Weg, der meistens hoch oben verläuft, ist auf langen Passagen ausgesetzt. Gelegent-

> ### KOMPASS INFO
>
> #### Der Ötscher (1893 m)
> Die 5,5 km langen Ötschergräben befinden sich am Fuß des Ötschers. Dieser Gipfel steht innerhalb der Ybbstaler Alpen isoliert und ist deshalb bereits aus größerer Entfernung sichtbar.
> Pflanzen und Tiere, die normalerweise auf großen Höhen leben, sind in die Gräben „hinuntergewandert", weshalb dort nun seltene Orchideen und Schmetterlinge heimisch sind. Geologische Erläuterungen finden sich bei Tour 23.

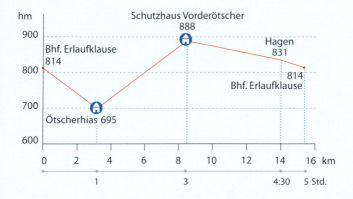

hm

900	Schutzhaus Vorderötscher 888
	Bhf. Erlaufklause 814
	Hagen 831
800	814
	Bhf. Erlaufklause
700	Ötscherhias 695
600	

0   2   4   6   8   10   12   14   16   km

1   3   4:30   5 Std.

lich müssen wir außerdem über kleinere Felsenpartien steigen. In seinem letzten Abschnitt wird das Tal immer enger. Bei der Abzweigung zum Vorderötscherhaus können wir uns einen kurzen **Abstecher zum Schleierfall** gönnen. Der Weg erweist sich allerdings als sehr schlammig und uneben. Die Kaskaden sind durchaus lohnend, wenn auch etwas weniger spektakulär als der Mirafall.

Das **Schutzhaus Vorderötscher** (8,5 km) bietet Übernachtungsmöglichkeiten und einen Hütten-taxi-Dienst nach Erlaufklause. Auf dem **Rückweg** geht es im ersten Abschnitt durch einen Wald steil und etwas schwierig bergauf. Danach verläuft er gemächlicher den Bach entlang. Der weitere 7 km lange Fußweg nach Erlaufklause verläuft auf einer normalen Forststraße, die uns gelegentliche Ausblicke auf den Ötscher erlaubt. Wir überqueren den Eingang zur Schlucht und gehen an **Hagen** (14 km) vorbei zum Parkplatz.

Tipp: Natürlich ist es möglich, die Wanderungen durch die Vorderen und Hinteren Ötschergräben zu kombinieren.

In den Hinteren Ötschergräben

0   500 m

25. Rund um den Erlaufsee

Idyllische Seenlandschaft mit Badevergnügen

Ausgangspunkt: Parkplatz P1 in Mariazell, B20 | **Charakter:**
Flache Wanderung, meistens auf schattigen Pfaden und Wegen.
Einkehr: Restaurant Herrenhaus (kein Ruhetag in der Saison,
http:\\herrenhaus-see.at), Gasthaus Seewirt (Mo Ruhetag,
Tel. 03882/24300) | **Karte:** KOMPASS Nr. 212

 Leicht   11,5 km   40 hm 40 hm   4 Std.

In Mariazell überqueren wir die Straße beim Parkplatz P1 und folgen dem Wanderweg 05/06 zum Erlaufsee. Vom Anfang der Bahnpromenade aus genießen wir einen reizvollen Ausblick auf die umliegenden Berge. Nach einigen Häusern in St. Sebastian stoßen wir auf die **Museumstramway**. Die historische Eisenbahn tuckert an Wochenenden und Feiertagen hin und zurück zum See. Die zweite Hälfte des Weges bis zum See verläuft durch schattigen Wald – leider parallel und in Hörweite einer verkehrsreichen Straße.

Das **Restaurant Herrenhaus am Erlaufsee** (3,5 km) bietet u. a. fangfrische Forellen an. Ihm gegenüber liegt ein Strandbüffet. Vom Ufer bietet sich ein schöner Bick auf die Bergkulisse hinter dem See. Einige Schritte weiter auf der Straße lenkt uns ein Wegweiser auf einen leichten Waldpfad, der parallel zum Seeufer verläuft. Allerdings müssen wir auf dem Weg zum **Gasthaus Seewirt** (5,5 km; u. a. Fischspezialitäten) unzählige Wurzeln übersteigen. Beim Seewirt zweigen wir rechts Richtung Erlaufursprung ab und folgen den Schildern „Rund um den See" und „Zum See".

Auf der idyllischen **nördlichen Seeseite** passieren wir zunächst urige Bauernhöfe und danach imposante Villen mit großzügigen Gärten. Auf den Zaunlatten gedeihen verschiedene Flechtenarten. Ihr üppiges Vorkommen ist ein untrügli-

 KOMPASS INFO

Der Erlaufsee
Durch den Stausee verläuft die Landesgrenze zwischen Niederösterreich und der Steiermark. Der 38 m tiefe See ist besonders für Taucher interessant, denn er birgt überflutete Bäume und zahlreiche Fische, u. a. große Hechte.
Viele Badegäste suchen den Naturstrand an seinem Südufer auf, denn dort können Elektro- und Ruderboote ausgeliehen werden, für die Kinder gibt es auch Wasserrutschen.
www.erlaufsee.com

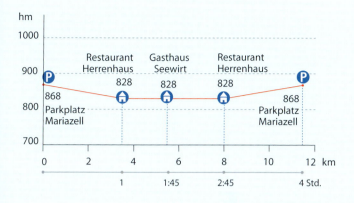

hm

| 1000 | | | | | | |
| 900 | | Restaurant Herrenhaus | Gasthaus Seewirt | Restaurant Herrenhaus | | |

Restaurant
Herrenhaus

Gasthaus
Seewirt

Restaurant
Herrenhaus

P
868
Parkplatz
Mariazell

828

828

828

P
868
Parkplatz
Mariazell

| 0 | | 2 | | 4 | | 6 | | 8 | | 10 | | 12 | km |

1   1:45   2:45   4 Std.

ches Zeichen für eine gute Luft-
qualität. Eine Tafel erklärt uns anhand einer Sage, warum die Was-
serfläche des Sees oft auf der einen Hälfte silbrig, auf der anderen

dunkel erscheint. Nach dem Um-
runden des Sees sind wir wieder
am **Restaurant Herrenhaus** (8 km)
angelangt und gehen auf dem
Hinweg zurück nach Mariazell.

Der Erlaufsee bietet Freizeitspaß auf und im See!

KOMPASS

0   500 m

26. Von der Bürgeralpe zum Habertheuersattel

Schöne Ausblicke ins Mariazeller Bergland

Ausgangspunkt: Bergstation der Bürgeralpe-Seilbahn oberhalb von Mariazell | **Charakter:** Lange Wanderung bergab | **Einkehr:** Berggasthof auf der Bürgeralpe (www.mariazell-buergeralpe.at) und Edelweißhütte (Anf. Mai–Ende Okt., www.mariazell.at/gastronomie/pfanni) | **Karte:** KOMPASS Nr. 212

 Leicht  6,5 km 158 hm 545 hm 2:30 Std.

❶ KOMPASS INFO

Pilgerziel Basilika Mariazell
Die berühmte Wallfahrtsstätte ist der wichtigste Wallfahrtsort Österreichs.

Ihre Ursprünge gehen auf das Jahr 1157 zurück. Damals erlebte der Mönch Magnus, der als Seelsorger in das Gebiet reiste, ein Wunder: Eine von ihm mitgebrachte Marienfigur spaltete einen Felsen, der ihm den Weg versperrte. Daraufhin baute er über der Statue eine Zelle aus Holz, die ihm als Kapelle und Wohnraum diente. Später wurde diese durch eine romanische Kapelle ersetzt. Einige fromme Menschen sollen bereits im 12. Jh. das Marienheiligtum aufgesucht haben, größere Pilgerzahlen sind für das Jahr 1330 urkundlich belegt.

Aus „Maria Zell" wurde über die Jahrhunderte ein Wallfahrtsort, zu dem man schon im Mittelalter aus Dankbarkeit oder Buße pilgerte. Verehrt wird ein hölzernes Mariengnadenbild.

Pilgerwege
Zu den bekanntesten Pilgerwegen zählen der Wiener Wallfahrerweg, die Via Sacra, der Niederösterreichische Mariazellerweg und der Pielachtaler Pilgerweg.

www.basilika-mariazell.at

Die Talstation (868 m) befindet sich im Ortszentrum einige Minuten von der Basilika entfernt. Von der Bergstation (1247 m) mit dem Berggasthaus bietet sich ein spektakulärer Blick auf den Erlaufsee. Von dort folgen wir dem Wegweiser zur **Edelweißhütte.** Sie bietet echtes Berghütten-Ambiente und steirischen Spezialitäten wie

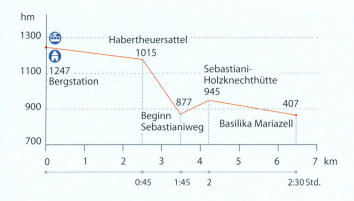

hm

Habertheuersattel
1015

Sebastiani-
Holzknechthütte
945

1247
Bergstation

Beginn
Sebastianiweg

877

407

Basilika Mariazell

0:45   1:45   2   2:30 Std.

Speckstrudel. Von der Hütte leitet uns der Weg 694 Richtung Habertheuer-Sattel nach rechts durch einen Wald hinab. 1 km weiter gelangen wir zu einer Forststraße, überqueren sie und halten direkt auf den gelben Wegweiser „Habertheuer-Sattel" zu. Er scheint nur ins Gebüsch zu zeigen. Schauen Sie nun aber genau nach links in die Pfeilrichtung: Hier gibt es tatsächlich einen tadellosen, gut markierten und nur leicht unebenen abschüssigen Pfad – lediglich der Eingang ist etwas zugewachsen! Beim **Habertheuersattel** (2,5 km)

Blick von der Bürgeralpe auf den Erlaufsee

⭐ KOMPASS Highlight

Attraktionen auf der Bürgeralpe
Alle Eintritte werden an der Kassa der Seilbahn bezahlt.

Holzknechtland: Der Videofilm mit historischen Aufnahmen ist sehr informativ. Die Dioramen mit sich bewegenden Figuren stellen die Holzarbeiten früherer Zeiten nach und sind zwar amüsant, bieten aber kaum neue Erkenntnisse. Weitere Attraktionen sind die Waldeisenbahn und die Rätselrallye (Übersichtsplan siehe Homepage).

Abenteuerland: Hier kann man Gold suchen, Münzen prägen und sich im Bogenschießen versuchen. Weitere Attraktionen sind der Fossilienpark und das Fossilienrad.

Erzherzog-Johann-Aussichtswarte
Vom Aussichtsturm bietet sich ein grandioses Panorama.

Arche des Waldes
Das spektakuläre Ausstellungsgebäude in Schiffsform liegt am Bergsee. Hier zeigen die Bundes-

forste die Dauerausstellung „Wald – Mensch – Gesellschaft". Schwerpunktthemen sind der Urwald als Ort von Mythen und Sagen, der Weide- und Bauernwald im frühen Mittelalter und die Bedeutung des Waldes in den Anfängen der Industrialisierung.

Seilbahn: 9–17 Uhr, alle 20 Min.

www.mariazell-buergeralpe.at

folgen wir einer Forststraße nach links Richtung Mariazell. Nach einigen Schritten lenkt uns ein Orientierungsschild (Weg Nr. 692) wiederum links durch einen Wald. Später biegen wir nochmals links in eine Schotterstraße ein und marschieren durch Wald und Feld stets bergab.

Auf unserem Weg begleiten uns die gelb leuchtenden Kugeln der Trollblumen. Wir entdecken auch Akelei, Weißes Waldvögelein (eine Orchideenart) und andere seltene Bergblumen. Bei einer Kreuzung

(4,25 km) wenden wir uns nach links in den **Sebastianiweg**, der sehr schlammig ist. Fluchen Sie trotzdem nicht – der Weg ist einem Heiligen gewidmet! Wir befinden uns nämlich auf einem neoklassizistischen Kreuzweg, den Österreichs letzter Kaiser Karl gestiftet hat. Nun steigen wir bis zur **Sebastiani-Holzknechthütte** (5,25 km) empor, dann geht es wieder bergab. Dort, wo der Weg endet, biegen wir nach links ab. Bald gelangen wir wieder nach Mariazell, wo sich ein Besuch des Wahrzeichens der Stadt, der **Basilika von Mariazell**, empfiehlt.

27. Rundwanderweg Mariazeller Bürgeralpe

Über die Stehralm

Ausgangspunkt: Basilika Mariazell in Mariazell | **Charakter:** Langer Auf- und Abstieg auf meist ebenen Pfaden und Forst- straßen | **Einkehr:** Berggasthof und Eidelweißhütte (siehe Tour 26) | **Karte:** KOMPASS Nr. 212

 Leicht   6,5 km    400 hm / 400 hm   2:30 Std.

Von der **Basilika Mariazell** folgen wir der Schießstattstraße und dem Buschniggweg und biegen dann nach rechts in den Weg 694 ein. Er steigt in Kehren zur Bürger- alpe empor. Außer einer kurzen steinigen Strecke ist der Pfad eben und leicht zu begehen, der letzte Abschnitt ist allerdings ziemlich steil. Wir kommen zu einem **Wald- pädagogischen Zentrum,** wo uns Lehrtafeln ökologische Zusam- menhänge erklären. Die Strecke verläuft durch einen Wald und ei- nige Feldabschnitte, auf denen wir die Bergflora bewundern: Blauer Eisenhut, Arnika usw. Vor Erreichen der Bürgeralpe genie- ßen wir nochmals den Ausblick auf den Erlaufsee.

Auf der **Bürgeralpe** angekommen, können wir für die Einkehr zwi- schen dem **Berggasthof** und der **Edelweißhütte** (2,75 km) mit ihrer alpinen Gemütlichkeit wählen. Die Attraktionen sind meist für Kin- der gedacht, lohnend ist auf jeden Fall der Blick von der **Erzherzog-**

Johann-Aussichtswarte neben der Edelweißhütte.

Für den **Abstieg nach Mariazell** fol- gen wir ab der Edelweißhütte dem nicht ganz ebenen Weg Nr. 693 Rich- tung Stehralm. Er leitet uns all- mählich durch einen Nadelmisch- wald abwäts. Vor 200 Jahren prä- sentierte sich die hiesige Gegend weit weniger reizvoll: Der Wald war fast gänzlich verschwunden, weil der Holzbedarf für die Eisenverhüt- tung groß war .

Bei der **Gabelung,** die nach 15 Min. erscheint, halten wir uns links. Erst später stoßen wir auf die rot-weiß- rote Markierung. In einem Feld ent- decken wir verschiedene Arten En- zian, Alpenveilchen, Blauen Eisen- hut und Arnika.

1 km nach der Hütte folgen wir dem Mariazeller-Wegweiser nach rechts in eine Forststraße. Zunächst ver- läuft sie ziemlich flach und kurven- reich, später wird sie leicht ab- schüssig. Sie führt uns zur **Stehralm,**

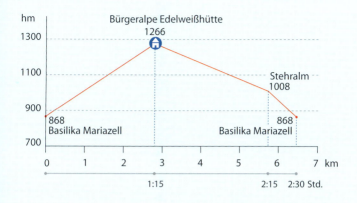

hm

Bürgeralpe Edelweißhütte
1266

1300

1100

Stehralm
1008

900

868
Basilika Mariazell

868
Basilika Mariazell

700

0   1   2   3   4   5   6   7   km

1:15   2:15   2:30 Std.

wo eine Sternwarte anzutreffen ist. Uns fasziniert aber vor allem der Blick nach unten – Mariazell inmitten einer bergigen Umgebung.

Nun lassen wir uns von der Forststraße weiterleiten, bis **drei große Kreuze** vor uns auftauchen. Dort biegen wir sofort nach links ab, steigen eine Treppe hinunter und

wenden uns nach links auf den **Kreuzweg**. Es empfiehlt sich sehr, bei der großen **mechanischen Krippe** eine Pause einzulegen. Sie präsentiert zahlreiche orientalisch gekleidete, bewegliche Figuren und wurde vor 27 Jahren gefertigt. Von dort sind es nur noch wenige Schritte zu unserem Ausgangspunkt in Mariazell.

Blick von der Stehralm auf Mariazell und die Wallfahrtsbasilika

28. Durch die Salzaklamm
Romantische Talwanderung

Ausgangspunkt: Basilika in Mariazell | **Charakter:** Weitgehend auf Pfaden, die teilweise steinig und uneben sind, nach Verlassen der Klamm wenig befahrene Straßen | **Einkehr:** Mariazell und ein Gasthaus nach der Klamm (500 m abseits der Strecke) **Karte:** KOMPASS Nr. 212

 Leicht  6,75 km   200 hm 200 hm   2:30 Std.

Von der Basilika marschieren wir auf der Abt-Severin-Straße zum Parkplatz P3. Von dort folgen wir der wenig befahrenen B21 Richtung Hallatal, wobei wir ein Stück hinaufsteigen. Nach 250 m auf dieser Verkehrsader lenkt uns der Wegweiser "Salzaklamm" nach rechts. Bei einer Abzweigung drehen wir uns nach links und steuern das **Haus Annaburg 33** an. Danach geht es weiter hinunter auf einem Pfad, dabei orientieren wir uns an den Rot-weiß-rot-Markierungen. Nun wird es schattig; hier leitet uns der Weg durch eine Wiese und dann auf eine morastige Forststraße. Wir gelangen zu einer **Gabelung** in Flussnähe, wenden uns nach rechts (allerdings nicht scharf nach rechts, sprich nicht zur Brücke hin!) und wandern weiter auf einem Pfad.

Die Wanderung in der Klamm
Zunächst stoßen wir auf keinerlei Markierungen. Der Weg führt immer wieder ziemlich steil empor, dann wieder hinunter, wobei wir beachtliche Felsformationen passieren. An einer Stelle ist die Strecke sogar mit einem Seil abgesichert. Wir entdecken zahlreiche Alpenveilchen am Boden des Mischwaldes. Ausblicke über den Fluss sind in diesem Abschnitt selten.

Nach 1,25 km in der Klamm verläuft der Weg eben und wir erreichen eine **Kreuzung**. Hier gilt es, sich nach rechts zu wenden und auf dem Weg Nr. 12 Richtung Kreuzberg zu bleiben. Er steigt gelegentlich hoch hinauf, nur um sich dann wieder ins Tal zu stürzen. Streckenweise zeigt er sich dabei steinig und uneben. Hier marschieren wir meistens neben dem Fluss. Etliche Felsen in seinem Verlauf erzeugen kleinere Turbulenzen. Schließlich steigen wir aus der Schlucht empor.

Für den **Rückweg** folgen wir dem Wegweiser "Mariazell". Er lenkt uns zuerst auf einen Pfad, dann gelangen wir zur B21. Um die Kurven abzukürzen, steigen wir eine

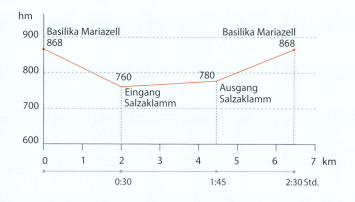

hm
900 — Basilika Mariazell / Basilika Mariazell
868 / 868
800 — 760 / 780
Eingang / Ausgang
Salzaklamm / Salzaklamm
700
600
0   1   2   3   4   5   6   7 km

0:30   1:45   2:30 Std.

Treppe hinauf: Dabei folgen wir der rot-weiß-roten Markierung und dem Wegweiser „Kreuzberg 05/06".

Am **Kreuzberg** stoßen wir auf das „**Luckerte Kreuz**", einen Turmbogen. Nach altem Volksglauben müssen heiratswillige Mädchen entweder drei- oder neunmal betend durch den Bogen schreiten, um ihren Wunsch zu verwirklichen. In unmittelbarer Näche befindet sich das 1957 gegründete **Karmelitinnen-Kloster**. Die B21 bringt uns anschließend zur Ungarnstraße. Auf ihr gelangen wir über die Wiener-Neustädter-Straße zur Basilika zurück.

Felsformationen in der Salzaklamm

KOMPASS

0   500 m

29. Josersee-Rundwanderung
Im Angesicht des Hochschwab-Massivs

Ausgangspunkt: Alpengasthof Bodenbauer bei St. Ilgen; S6, Ausfahrt Kapfenberg, B20 Richtung Mariazell bis Thörl, links Richtung St. Ilgen | **Charakter:** Meist Forststraßen | **Einkehr:** Alpengasthof „Bodenbauer" (Juli und Aug. täglich, Ruhetage: Juni, Sept. Mo; Mai, Okt. Mo und Di, www.bodenbauer.com, Tel. 03861/8130), Heinzleralm, Joseralm (Anf. Juni–8. Sept.) | **Karte:** KOMPASS Nr. 212

 Leicht   7,5 km   345 hm / 345 hm   3 Std.

Schon vom **Alpengasthof „Bodenbauer"** genießen wir ein prächtiges Bergpanorama. Hinter dem Gasthof wählen wir den Weg 839 Richtung Schneidegg-Klamm. Auf einer Forststraße steigen wir langsam durch einen Nadelmischwald empor und erreichen bald das baufällige **Elisenheim** (1 km). Den ganzen Weg begleitet uns der plätschernde Joserbach. Stellenweise blicken wir auf die nackten Kalkfelsen der Gipfelregion oberhalb des Waldes.

Nach einer scharfen Kurve erscheint die **Heinzleralm** (3 km), wo uns die Wirtin mit einem aromatischen Kräuterschnaps begrüßt. Die urgemütlich altmodische Stube wäre ein Schmuckstück in jedem bäuerlichen Freilichtmuseum! Von hier aus erscheinen die kegelförmigen Türmchen auf dem Abhang des benachbarten Berges unheimlich nahe.

Ein wenig steiler steigt die Forststraße zur **Joseralm** empor. An ihr vorbei geht unser Weg hoch, dann wenden wir uns nach links und erreichen den kleinen, mit Schilf bewachsenen **Josersee** (3,7 km). Dort ist der Apollofalter heimisch und man entdeckt sowohl seltene Orchideen wie auch den Insekten fressenden Sonnentau. Diese Pflanze ist zwar grün und kann Nährstoffe durch Photosynthese erzeugen, ihren Bedarf an stickstoffhaltigen Substanzen deckt sie aber mit dem Fleisch der Beute.

Für den **Rückweg** gehen wir auf der Forststraße, die uns zum See gebracht hat, wieder retour und dann geradeaus weiter an der Kreuzung zur Hütte vorbei. Einheimische mögen diese Strecke partout nicht und versuchen, sie uns immer wieder auszureden. Wir sollten den gleichen Weg zum Bodenbauer zurückgehen, meinen sie. Tatsächlich windet sich unsere Route ins Tal ziemlich lange um die Berge herum, bietet dafür aber eine spektakuläre Bergkulisse. Unterwegs sind immer wieder Kalkkegel an den Abhängen

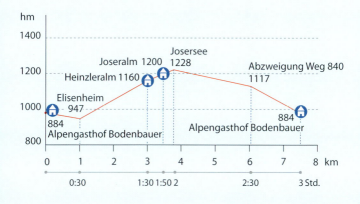

zu sehen. Schließlich gelangen wir zur **Kreuzung** (6,1 km) mit dem **Weg 840** (Vorsicht, der Wegweiser steht auf der linken Seite der Straße).

Wir wenden uns nach rechts und stolpern nun zur Abwechslung über Wurzeln und Steine zum Ausgangspunkt hinunter. Wir überqueren eine Forststraße, dann noch eine weitere, danach wird der Pfad allmählich weniger steinig. Schließlich mündet er nach 1,2 km in eine **Forststraße**, der wir geradeaus (leicht links) zum „Bodenbauer" folgen.

Der Josersee (Foto: W. Heitzmann)

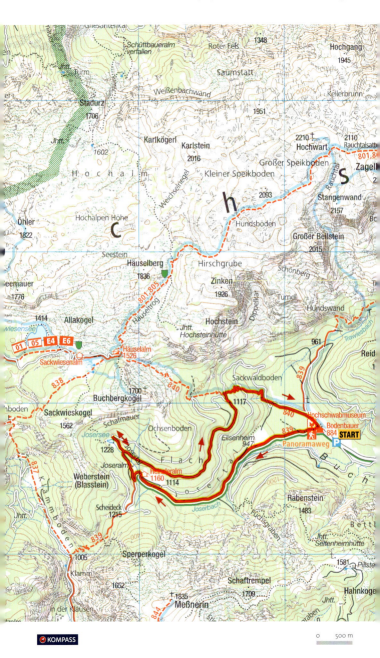

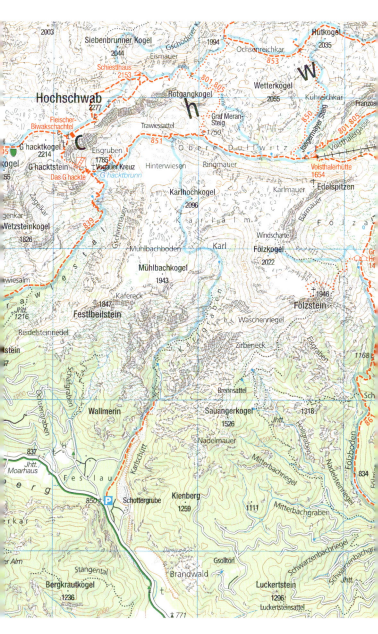

30. Vom Alpengasthof „Bodenbauer" zur Trawiesalm

Etappe auf dem Weg zum Hochschwab-Gipfel

Ausgangspunkt: Alpengasthof „Bodenbauer" (Anfahrt siehe Tour 29) | **Charakter:** Langer Aufstieg auf teilweise unebenem steinigem Pfad | **Einkehr:** Alpengasthof „Bodenbauer" (Öffnungszeiten siehe Tour 29) | **Karte:** KOMPASS Nr. 212

 Mittel   6 km   350 hm / 350 hm   3 Std.

 KOMPASS INFO

Der Hochschwab

Rund hundert Gipfel, Täler, Almen und Seen erwarten uns im 59 km^2 großen Hochschwab-Massiv. Ein Drittel des Wasserbedarfs von St. Pölten wird von diesem Karstgebirge abgedeckt. Durch Dolinen, Schächte, Klüfte und Spalten sickert Regen- und Schmelzwasser durch das poröse Kalkgestein in das Gewässersystem und in die Seen in der Mitte des Berges. Das Massiv wird wegen seines Waldreichtums auch als „Steirisches Gamsgebirge" bezeichnet. Unterwegs trifft man auf Steinwild, Rot-wild, Auerhähne und Birkhähne. Pflanzliche Raritäten wie Frauenschuh, Kohlröschen und riesige Flächen von Edelweiß erwarten uns dort.

Aufstieg auf den Hochschwab:

Erzherzog Johann eroberte den Hochschwab-Gipfel erstmalig im Jahr 1803. Wer in seinen Fußstapfen wandeln möchte, kann dieser von zwei Seiten aus tun. Vom Alpengasthof „Bodenbauer": ca. 4:30 Std. auf den höchsten Gipfel (2277 m). Nordaufstieg vom Weichselboden im Salzatal: 6 Std. einfach, Übernachtung im Schiestlhaus notwendig.

Der **Alpengasthof „Bodenbauer"** kann auf eine lange Geschichte zurückblicken. Er wurde 1888 zur Zeit des aufkeimenden Hochschwab-Tourismus eröffnet. Für einige Touren günstig am Ausgangspunkt gelegen, zeichnet er sich durch ein sehr gutes Preis-Leistungs-Verhältnis aus. Außerdem bietet er eine schmackhafte Küche (Wildgerichte, steirische Spezialitäten usw.). Schon vom Gasthaus genießen wir einen faszinierenden Blick auf das Hochschwab-Massiv. Das **Hochschwab-museum** beim Alpengasthof be-

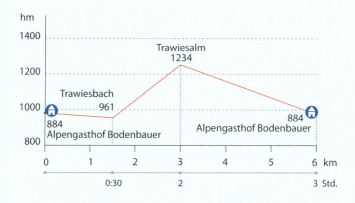

hm
1400
1200
1000
800

Trawiesbach
961

Trawiesalm
1234

884
Alpengasthof Bodenbauer

884
Alpengasthof Bodenbauer

0   1   2   3   4   5   6   km

0:30   2   3 Std.

fasst sich mit der Geschichte des Hochschwabgebietes. Ein Besuch ist sehr zu empfehlen.

Eine selten befahrene Schotterstraße, die langsam ansteigt, führt uns vorbei an einer Kuhwiese und durch einen Wald. Unterwegs entdecken wir viele Enziangewächse.

Schließlich überqueren wir den **Trawiesbach** auf Steinen (1,5 km). Unmittelbar danach erscheint die **Hundswand**, eine beliebte „Bühne", an der Seilschaften ihre vertikalen Künste demonstrieren. Vor der Kulisse der Hundswand gedeihen im zeitigen Frühjahr üppige Schneerosenbüschel.

Verdiente Rast an der aufgelassenen Trawiesalm

Ab hier wird es nun alpiner. Wir biegen links in einen etwas steileren Pfad voller Schotter ab. Auf dem weiteren Weg geht es durch einen Wald an der Felswand entlang, dabei immer weiter hinauf mit etlichen steinigen Stellen. Bei einer von diesen fehlt die stufenartige Struktur, sodass wir mitunter auch die Hände einsetzen müssen. Nach 500 m wird der Weg flacher und der Aufstieg leichter. Schließlich stoßen wir auf eine Abzweigung nach rechts hinunter zu einer **Trinkwasserquelle**.

Einige Minuten später befinden wir uns auf der aufgelassenen **Trawiesalm** (3 km). Die Hütte hat man abgerissen, nur ein Picknicktisch liefert den Hinweis, dass wir hier richtig sind. Zwei mächtige Felswände, teilweise in zugespitzten Türmchen zerklüftet, erheben sich

an diesem Punkt – ein spektakulärer Anblick! Der Rückweg zum Bodenbauer erfolgt auf der gleichen Route wie der Hinweg.

⭐ KOMPASS Highlight

Das Hochschwabmuseum
Das Museum befindet sich in der Bodenbauerkeusche, dem ehemaligen Bauernhaus, das über 300 Jahre alt ist.
Es befasst sich mit dem Hochschwab-Gebiet und widmet seine jährliche Ausstellung den Themenbereichen Wasser, Natur und Kultur. Daneben werden auch regionale Produkte, Wanderkarten und Bücher angeboten. Ende Mai–Anf. Okt. Sa 11–18, So und Feiertage 11–17 Uhr.

www.hochschwabmuseum.at

Index